品牌服装企业经营管理案例解析

席阳 刘荣 李莉 编著

中国纺织出版社有限公司

内 容 提 要

本书分别从企业创新创业、跨界经营、渠道管理、社会责任、快销品牌经营、特色化经营、奢侈品品牌经营和企业多元化经营等八个方面，甄选了三十多个品牌服装企业案例，所选案例均具有一定的代表性。书中设置理论导读，帮助读者更好地学习和理解相关案例。

本书可作为服装类院校企业管理类专业同学学习参考使用，也可供服装企业经营管理人员阅读参考。

图书在版编目（CIP）数据

品牌服装企业经营管理案例解析 / 席阳，刘荣，李莉编著. ——北京：中国纺织出版社有限公司，2021.3
 ISBN 978-7-5180-8051-9

Ⅰ. ①品… Ⅱ. ①席… ②刘… ③李… Ⅲ. ①品牌—服装企业—企业管理—案例—世界 Ⅳ. ①F416.86

中国版本图书馆CIP数据核字（2020）第205358号

策划编辑：于磊岚　　特约编辑：朱　方
责任校对：寇晨晨　　责任印制：储志伟

中国纺织出版社有限公司出版发行
地址：北京市朝阳区百子湾东里 A407 号楼　邮政编码：100124
销售电话：010—67004422　传真：010—87155801
http://www.c-textilep.com
中国纺织出版社天猫旗舰店
官方微博 http://weibo.com/2119887771
三河市宏盛印务有限公司印刷　各地新华书店经销
2021年3月第1版第1次印刷
开本：710×1000　1/16　印张：12.5
字数：150千字　定价：78.00元

凡购本书，如有缺页、倒页、脱页，由本社图书营销中心调换

前　言

服装行业是时尚产业重要的组成部分，是一个充满机会和挑战的行业。我国服装行业逐渐从追求数量增长发展到追求质量效益的品牌运营阶段，越来越多的服装企业通过成功的品牌化运营增强了企业竞争力。望海外，不乏百年服装品牌依然熠熠生辉，看国内，新兴服装品牌纷纷冉冉升起，新旧品牌争奇斗艳、各有千秋。

本书共分成八章，每章一个主题，每章又分为两个小节，每一小节均设置理论导读，并引入与之相关联、具有代表性的品牌服装企业案例，理论导读可以帮助读者更好地理解文中案例。第一章"创立"选取的是品牌服装企业的创业经典案例，第二章"跨界"选取的是具有代表性的跨界营销的品牌服装企业案例，第三章"渠道"选取的是品牌服装企业渠道管理的经典案例，第四章"责任"选取的是承担社会责任的品牌服装企业案例，第五章"快销"选取的是快销品牌服装企业的经典案例，第六章"特色"选取的是品牌服装企业特色化经营的案例，第七章"高端"选取的是奢侈品品牌进行品牌运营的经典案例，第八章"多元"选取的是品牌服装企业多元化经营的经典案例。

本书第一章由刘荣编写，第二章、第四章、第七章由李莉编写，第三章由孙杰和席阳编写，第五章和第八章由黄淑丽编写，第六章由康雨蕾编写。全书由席阳和刘荣统稿。书中所引用的文献资料、网络资料和案例，在参考文献中不能一一列举，在此谨对相关作者表示诚挚谢意。

本书可供服装企业经营管理人士和服装类专业本科教学参考使用。由于编者水平有限，书中的不尽如人意之处，恳请读者批评指正。

本书系北京服装学院 2019 创新团队建设计划 (BIFTTD201901) 成果。

席阳

2020 年 10 月

目 录

第一章 创立——品牌服装企业创业经典案例
第一节 创业成就事业 / 2
第二节 持续创新实现品牌升级 / 9

第二章 跨界——品牌服装企业跨界营销经典案例
第一节 服装品牌与其他行业的跨界营销 / 28
第二节 服装品牌之间的跨界营销 / 39

第三章 渠道——品牌服装企业渠道管理经典案例
第一节 渠道为王，占领高点 / 62
第二节 渠道创新，资源整合 / 72

第四章 责任——品牌服装企业承担社会责任经典案例
第一节 传承是一种责任 / 84
第二节 回归自然，回馈社会 / 94

第五章 快销——快销品牌服装企业经典案例
第一节 国外的快销服装品牌 / 110

第二节　中国本土的快销服装品牌 / 124

第六章　特色——品牌服装企业特色化经营经典案例

第一节　特色的产品形成核心竞争力 / 132
第二节　细分市场给企业带来的机会 / 142

第七章　高端——奢侈品品牌中国市场拓展经典案例

第一节　品牌塑造的中国化 / 152
第二节　电子商务平台的中国化 / 165

第八章　多元——品牌服装企业的多元化经营经典案例

第一节　品牌多元化 / 180
第二节　品类多元化 / 188

第一章
创立
——品牌服装企业创业经典案例

品牌服装企业经营管理案例解析

第一节 创业成就事业

一、理论导读

创业是指发现、创造和利用商业机会，组合生产要素并创造价值，创立自己的事业，以获得商业成功的过程或活动。对于一个真正的创业者，创业过程不但充满了激情、艰辛、挫折、忧虑、痛苦和徘徊，而且还需要付出坚持不懈的努力，当然，渐进的成功也将带来无穷的欢乐与分享不尽的幸福。创业是一种劳动方式，是一种无中生有的财富现象，是一种需要创业者组织、运用服务、技术、器物作业的思考、推理、判断的行为。

创业的核心应在于"业"，这个"业"就是事业。事业不等同于工作，也并非简单地联系着名利与财富，它更重要的内涵在于连接着内心的理想与坚持，并能从中得到自我的尊重与满足。

管理学专家彼得·德鲁克（Peter Drucker）称创业者是主动寻求变化、对变化做出反应并将变化视为机会的人。只要看一看传播手段所经历的变化——从打字机到个人电脑再到互联网，这一点便一目了然。

总的来说，公司创业具有以下五个要素：

（1）创新性。它反映组织脱离原有技术或业务，从事和支持新理念、新试验以及形成新产品、新服务和新技术创造过程的基本倾向，可分为产品—营销创新和技术创新。

（2）自主性。个体或团队提出建议和愿景并独立执行，这是追踪机会和自我指导的意愿。

（3）风险承受。风险承受是指管理人员委托代理高大规模风险资源的意愿程度。创业型企业常具有风险承受的行为特质，如承受巨额债务、接受大规模资源的委托代理，以期在市场中把握机会获取高回报。

（4）积极主动。它是指对未来问题、需求和变化的预期行动，是公司创业的关键要素，因为它隐含了向前看的观点，并伴随一系列的创新活动。

（5）竞争进取。它是指公司直接向竞争对手挑战，以达到提升其竞争地位的目标倾向，即超越行业内竞争对手的倾向。虽然竞争进取与积极主动有着紧密的联系，但二者存在明显的区别。积极主动指适应市场机会，塑造环境、影响趋势，甚至创造需求而掌握主动权，择机而动满足需求；竞争进取指公司为适应竞争对手，对市场中的机会和趋势做出反应，更多地进行需求竞争。

这五个要素在创业型公司中是否会同时呈现，目前并不清楚，但有一点可以肯定：所有创业型公司的共性是创新。创新是公司创业结构的中心点，而其他创业维度是创新的前因变量、结果变量或相关变量。如果没有创新，即使其他维度存在，也不能称为创业。

服装行业市场容量大，进入门槛较低，虽然竞争激烈，仍然成为许多创业者的首选创业方向。每年都会有大量的创业型公司产生，大浪淘沙，虽然很多创业企业都如昙花一现，但仍有很多具有较好经营理念与管理手段的服装品牌从小到大，成为国内知名的品牌和企业。

二、日播时尚

● 品牌简介

上海日播时尚集团股份有限公司是一家上市公司，主要业务是品牌服装的创意设计、工艺技术研发及生产销售，在国内拥有超过1100家店铺，员工总人数超过1700人。

日播集团旗下有五大服装品牌——broadcast 播、broadcute、CRZ、MUCHELL 目澈和 SIRLOIN 西冷。

broadcast 播品牌为公司主打品牌，其发展已有十余年之久，播牌女装定位于年龄层次在 25～45 岁、成熟美丽、知性优雅、内心渴望一切美好事物的都市女性。

broadcute 童装品牌面向 3～8 岁儿童，品牌缘起自"给予不分大小"的信念初衷，秉持着"一颗善良的心才是最美的服饰"的审美理念，启发孩子们去理解美丽的内涵：美丽不只关乎外表，关爱与帮助他人更是由心而发的美丽。

CRZ 作为一个代表青年力文化的先锋品牌，以富有创造力和表现力的千禧一代为原型，将高街时装与潮流文化跨界融合，开创出属于"时装潮牌"的全新风格。将新鲜有趣的玩味感、高颜值的型格调、青年艺术的酷态度融为一体，塑造出独特的"CRZ 潮趣美学"品牌定位，解锁新生代女性酷我个性与趣味态度。

MUCHELL 目澈是日播时尚集团旗下的年轻品牌。自 2018 年创立以来，一直将设计与创意作为品牌的重要核心价值，是为满足追求纯净、简约、舒适的年轻都市女性审美与穿衣需求而生的设计师品牌。

SIRLOIN 西冷是由一对来自日本和瑞典的拍档 Mao Usami 和 Alve Lagercrantz 在上海创立的设计师女装品牌。品牌的核心理念是要营造一种慵懒而又笨拙优雅的气质。设计师将品牌形容为时尚界的 BBC 人类学研究——研究你人生中最大的错误和最辉煌的时刻；他们把日常生活中的幽默哲学融入视觉语言，并让内衣真正融入时尚成衣系列，打造出一个由内到外都能兼顾的衣橱。

● 创业历程

日播的创始人叫王卫东，他从一家小服饰店开始，抓住机遇进行创业，趁着中国时尚产业发展的浪潮，用二十年的时间将日播发展为年销售收入达十几亿元的集团公司。

第一阶段，品牌初创

1995年，王卫东先生秉承"一间店感动一座城"的理念，满怀真挚与热爱，在洛阳开设了第一家服饰专营店——蓝海贝服饰店。从此，王卫东先生与时尚、时装结下了不解情缘。触电时尚、心系时装的王卫东先生渐渐萌生了一个大胆想法——用自己的品牌来诠释心中的时尚。

1997年，日播创始人王卫东先生和曲江亭女士在广州大学一间地下室成立日播服饰设计工作室，开启了"播"的创业之旅。次年，商标"播"正式注册。

1999年，广州日播服饰有限公司成立。播正式以品牌专卖店连锁代理模式运营，其清新纯朴的田园风格深深打动了都市女性。次年，公司整体迁入广州白云工业区，新工厂投入使用。

第二阶段，多品牌发展

2006年，播启用新商标"broadcast 播"，同年成立上海日播至美服饰制造有限公司。

2007年，日播确立未来九年战略规划，机构改革与流程重组项目全面启动；同年，广州腾羿服饰有限公司成立，上海日播至信服饰有限公司成立，CRZ品牌创立；日播进入多品牌战略发展阶段。

2008年公司更名为上海日播实业有限公司，日播举办成立十周年庆典，开放式集团格局基本形成，日播由业务发展型企业向战略发展型企业转化，全面提出"创想力成就未来"的新口号。

第三阶段，转型升级

2013年，公司正式更名为日播时尚集团股份有限公司，集团化连营拉开帷幕，业务模式转型变革全面开启，由批发零售转为品牌运营。

2014年，日播集团正式启动IPO计划，以及WMS、VMI、SAP等项目，为企业转型升级夯实管理和技术基础。

日播时尚于2017年5月31日正式在上交所A股挂牌上市，股票代码

603196，市值突破 24 亿元，确定行业地位，具备国际运营水平。

● 日播的发展

经过近二十年的发展，日播已经从单品牌发展为多品牌服装公司，并围绕产业链开展多元化经营，并在企业内外实现协同。除了旗下五大服装品牌，日播集团还涉足服装智能制造、时尚产业服务管理平台、室内空间设计、摄影工作室、时尚产业园区等多个业务领域，这些拓展领域均与时尚产业紧密相关。业务领域的拓展既是日播对其在时尚产业未来发展的布局，也是日播通过持续创业实现了从小变大不断蜕变的见证。

三、裂帛

● 品牌简介

裂帛，中国知名独立设计品牌，成立于 2006 年，其创始人是一对充满理想主义和完美主义的姐妹汤险峰和汤霄峰，她们对外自称为"大风"和"小风"。

裂帛旗下拥有女装品牌：裂帛、所在、莲灿、ANGELCITIZ、LADY ANGEL，男装品牌：非池中。裂帛通过服饰延伸着人类文化中对色彩、自然、情感共通的热爱与表达，分享内心生活的感动和喜悦。如今裂帛已成为中国最具规模的独立设计品牌服装集团之一，远销海外多个国家与城市，为世界潮流和国际时装界输出着来自东方的多元文化价值与美好体验。

● 创业初期

文艺女青年和女商人看似两条平行线，最终在裂帛创始人大风和小风这里交叉了。2006 年，在北京通州的一套普通民宅里，两个将模特、摄影、文案、客服一把抓的设计师——大风、小风，两个从街上找来的裁缝，一个友情制版师——从服装厂退休的小风婆婆，开始了不懂什么叫创业的创业之旅。强烈的色彩和繁复绣花，令她们的衣服看起来与日常生活有距离。就连品牌名也取得极生僻——语出在大陆并不流行的台湾女作家简桢的散文《四月裂帛》。因为量太小，没有工厂肯代工，她们就用两台老式缝纫机手工制作。因为本身有表达欲，她们便为每款衣服取了名字、配上小诗，将日记本里的文字搬进了产品描述，这就是今天营销文案的雏形。每卖出一款，她们都会猫在电脑上逐条看评论，用一整个上午与买家聊天，再把意见揉进下一轮设计中，由此不难看到她们如今高度注重客服、要求新员工做运营前先做6个月客服的由来。如此小众的东西能成为流行，用大风的话来说"就是个造化，说明社会进步了、多元了"。

创业过程看似随意，实则需要具备很多必要条件。裂帛创始人大风是服装设计出身，精通摄影、Photoshop等技能，妹妹小风曾在一家报社工作。因此在网店经营初期，裂帛的图片精美程度在当时淘宝网上可以说是一枝独秀，吸引眼球的文案更为产品增添色彩，这些条件的具备令裂帛能够在早期的淘品牌中脱颖而出。除了自身条件之外，裂帛的快速成长也离不开以淘宝网为代表的电子商务在中国的飞速发展，到了2009年11月，裂帛实现了5倍的增长，一个月卖掉了几万件衣服，年销售额也达到了亿元级别。

● 创业困境

裂帛的快速成长很快就遇到了发展瓶颈，从2013年到2015年，裂帛年营业收入分别为6.8亿元、5.8亿元、5.5亿元，净利润分别为7046万元、–421万元、3164万元，不仅主营业务收入连续三年出现下滑，净利润也呈现异常明显的波动之势。

究其原因，在过去几年快速业绩增长下所掩盖的管理问题、市场和消费者偏好的转移、宏观经济收紧等内外部因素造成了裂帛业绩的下滑。

而对于营收和利润下降，裂帛自己认为原因主要是三点：其一，受同行的冲击：国内传统线下服装品牌以及国际知名服装品牌(如优衣库、ZARA等)纷纷入驻国内各大电商平台，并不断加大线上渠道的销售力度，同时线上服装新品牌明显增加，不断分流电商平台的女装消费用户流量。

其二，流量的碎片化：除淘宝、天猫、唯品会、京东等，线上销售渠道日趋多样化，于是出现线上流量碎片化的趋势。其三，近年来我国宏观经济增速放缓亦对社会总体消费意愿和消费能力产生一定负面影响。

根据业内专家分析，裂帛的主要隐患之一是销售渠道单一。公司销售渠道以京东、淘宝、唯品会等平台为主，2013～2015年上述平台合计销售收入占比90%以上。其中，在2015年度，裂帛在淘宝、唯品会以及京东上的销售额占比分别为58.49%、36.36%以及2.58%。

裂帛来自淘宝和京东平台收入占比以及销售收入都在下降。裂帛2013年来自淘宝的收入为5.71亿元，到2015年降至3.19亿元，下降幅度高达44.1%。裂帛2013年来自京东的收入为2815万元，到2015年为1408万元，下降幅度高达50%。裂帛来自平台收入唯一增加的是唯品会，从2013年的5068万元上升到了1.98亿元。

因此，过于依赖电商平台，会给裂帛的未来发展带来不可预估的隐患。

● 信息来源

[1] 日播官网：www.ribo.com.cn

[2] 裂帛官网：http://www.lie-bo.com/

[3] 童芬芬. 大风小风——淘宝淘出创富路. 中华工商时报/2010年/9月/20日/第005版.

● 读者思考

（1）日播的创立与创业者和时代发展的关系是什么？

（2）裂帛前几年的成功和后几年业绩下滑的原因各是什么？有没有相关性？

第二节　持续创新实现品牌升级

一、理论导读

对大部分中国企业而言，企业家是企业的灵魂，企业的成功离不开创新和企业家精神，而这种精神是企业持续创业的主要动力。

1912年，奥地利经济学家熊彼特（Joseph Alois Schumpeter）最早提出了"创新"的概念。1939年，他完善了自己的理论，提出创新就是"建立一种新的生产函数"，也就是说，把一种从来没有过的关于生产要素和生产条件的新组合引入生产体系。

1985年，"现代管理之父"彼得·德鲁克（Peter Drucker）发展了创新理论。他提出，任何使现有资源的财富创造潜力发生改变的行为，都可以称为创新。有学者主张，创新不仅仅是创造，而且并非一定是技术上的；对一项创新的考验并不在于它的新奇性、它的科学内涵或它的小聪明，而在于推出市场后的成功程度，也就是能否为大众创造出新的价值。

创新是指以现有的思维模式提出有别于常规或常人思路的见解为导向，利用现有的知识和物质，在特定的环境中，本着理想化需要或为满足社会需求，而改进或创造新的事物、方法、元素、路径、环境，并能获得一定有益效果的行为。

企业家精神本质就是有目的、有组织的系统创新，他们不是专注于冒险，而是专注于机遇，为企业谋发展。同时，真正的企业家精神不是依赖

品牌服装企业经营管理案例解析

于一两个单打独斗的个人企业家,而是经年累月,在企业内部建立起的一套创新管理机制,形成创业型管理。当企业或品牌创立以后,创业型管理机制能够使企业不断突破自我,获取更大的进步与发展。

二、安踏

● 来自家族的创业

1991年,丁和木、丁世家和丁世忠父子三人在家乡福建晋江陈埭镇创业。这是改革开放后一个非常传奇的小镇,最早发展以"联户集资"为主要形式的民营经济,1984年成为福建第一个工农业总产值"亿元镇"。20世纪90年代初,陈埭镇政府提出要以制鞋业为支柱产业,集五金、塑料、服装等相关配套行业协调发展,推动陈埭鞋业生产规模化、国际化。1995年,陈埭制鞋企业增至1500多家,产业链初步形成。

丁世忠就是在这样的环境下成长的。1981年,他父亲丁和木与人合伙做鞋,丁世忠在制鞋作坊里耳濡目染。1987年17岁时他带着向父亲借的1万元钱和600双晋江旅游鞋闯北京。1991年他返乡后告诉父亲,从北京卖鞋的经验看,只有做品牌、开专卖店、拓展自己的分销渠道,才是长久之道。

1994年,父子三人商议将厂名和品牌统一为"安踏",取"安心创业,踏实做人"之意。从那时起,丁世忠开始负责公司的运营管理,担任公司的总经理。

如今的安踏在港交所上市,市值超过1000亿港元,年销售额二百多亿元人民币,这样的成绩是需要企业和企业家不断创新才能实现的。

● 模式的创新

安踏第一次创新,是建立品牌批发模式,给予分销商在指定区域内独家销售安踏产品的许可,分销商也承诺不销售其他品牌的产品。安踏通过提前举办季节性订货会等方式为分销商提供应季产品。在1997年亚洲金融危机时，晋江很多贴牌造鞋企业都倒闭了，而安踏因为有自己的品牌销售网络，活了下来。随着安踏由生产单一运动鞋过渡到生产多类体育用品，后来安踏也尝试终端模式，即自己建体育用品专卖店。

十几年后，安踏再次对零售模式进行创新。2009年，安踏在零售业巨头百丽集团手里购买了运动品牌FILA在中国的商标使用权、经营权以及相关的营销网络。2011年11月到2012年6月，安踏又收购了百丽遗留下来的所有FILA代理商，成为FILA品牌在中国的真正拥有者。

FILA之前一直处于亏损状态，安踏接手后，提出了"500乘500"战略，即十年内开500家店、每家店一年单产500万元、总流水额达到25亿元的战略目标。实际上，到2018年FILA中国的销售已突破100亿元。

FILA在中国市场的傲人成绩归功于安踏在商业模式上的大胆创新，即采用直营零售模式拓展门店。原来的分销模式有过多的中间环节，品牌商难以及时洞察消费者的真实意图，通过产品调整来满足消费者需求的变化。而且中间各环节的利益分配如果出现问题，整个链条有断裂的危机。安踏用了近三年时间，将经销商模式彻底转化为零售商模式，成为中国运动用品市场中唯一直接做全零售的品牌。

2016年，FILA开始塑造品牌群。在FILA主品牌聚焦的25～40岁人群之外，面向3～15岁的人群推出FILA KIDS童装品牌，第一年就实现了盈利。2017年年底，针对16～24岁人群的FILA Fusion潮牌产品在北京西单君太百货商场亮相。通过品牌群的构建，FILA能满足不同年龄段、不同生活场景中人们对高端时尚运动用品的需求。在开设新店时，FILA采用"一场多店"以及建立综合旗舰店的策略，即品牌群中不同品牌的零售店协同进驻商场或综合旗舰店，实现叠加式的增长。

很显然，FILA这个国际品牌在中国市场的巨大成功，离不开安踏超强的运营能力和模式创新能力。

品牌服装企业经营管理案例解析

● 安踏的创业新十年构想

在 2008 年安踏公司的年会上,安踏董事长丁世忠向全体员工发出新时代的号召,宣布安踏集团进入"创业新十年",并提出创业新十年发展的思路及构想。

1. 创业新十年:实现品牌升级

过去的二十年,安踏一直为广大消费者提供专业的运动鞋服装备,让所有人都能买得起、穿得起安踏的产品。未来安踏要继续做好价值创新,为消费者提供专业化、高值感、国际化的商品,实现由"消费者买得起的品牌"向"消费者想要买的品牌"的转型升级。

2. 创业新十年:打造企业的价值文化

丁世忠认为,企业的价值文化对一个公司至关重要,他说:"很多人问我,安踏人的画像是什么?我觉得有两点,一是要有品牌特征,二是要有零售特征。品牌特征就是要有品牌的意识,做任何事都要从安踏是一个品牌公司去思考;零售特征就是一切以消费者为导向,服务好我们的消费者。"

3. 创业新十年:全员懂生意

安踏要打造一支全员懂生意、懂业务、高标准的团队,这对安踏集团未来发展至关重要,安踏要把干部的领导力和核心能力提升作为衡量干部水平的重要维度。未来,安踏将会有更多专业化、职业化的团队,也要培养一批年轻的 80 后骨干在重要岗位上发挥主导作用。

4. 创业新十年:站位国际格局

近年来,中国国际影响力在不断增强,中国品牌也越来越具有国际竞争力。丁世忠说:"过去我们谈了很多全球化的理想,2018 年我们要积极实践,这是集团重要的战略目标,我们也要有能力去管理一家全球化的企业,从商品力、品牌力、零售力、供应链能力、组织能力全面提升国际格局,最终成为一家全球化的公司。"丁世忠表示,安踏要敢于对标国际优秀的一线品牌，站位一定要高，格局一定要大，这样才能进步，才能有成果。

5. 创业新十年：创新赋能

丁世忠认为，安踏处在一个好时代、一个好行业，纵观全球市场，没有哪一个市场的潜力像中国市场这样受关注，2025年中国体育产业将达到7万亿元的规模和潜力，机会从来没有像现在这样好。创新赋能要通过管理赋能，通过管理机制保障创新。

安踏的创新始终是围绕消费者，不是为了创新而创新，一个企业如果创新跟不上，等着它的只会是"死亡"。未来，安踏将继续加大创新投入，2018年的创新投入将有30%以上的增幅，每年都要争取多获得几项突出的创新成果。特别是在美国、日本和韩国的设计中心，将更高定位在服务公司长远发展的战略，成为一家有创新能力和创新文化的公司。

三、韩都衣舍

● 韩都衣舍的背景

伴随着电子商务的发展，2008年互联网品牌韩都衣舍在山东创立，从此韩都衣舍在创始人赵仰光的带领下，深耕线上市场，从一家年销售额20万元的淘宝小店，发展成为现在粉丝超过1400万、70个运营品牌、年销售额超20亿元的中国最大的互联网品牌生态运营集团。

在这十多年发展历程中，韩都衣舍经历了从服装品牌运营到生态系统运营的演变，每一步都扩大了其核心竞争力，并具有市场前瞻性。2008年时，韩都衣舍旗下只有一个HYSTYLE品牌；2012年，韩都衣舍通过内部孵化的方式推出第一个子品牌，即男装品牌AMH，并通过外部收购控股的方式，推出了第一个原创设计师品牌素缕，从而正式开启了多品牌发展阶段。并于2013年创立快时尚童装品牌米妮·哈鲁、欧美风快时尚女装尼班诗、韩风优雅时尚女装Soneed。2014年创立韩风甜美少女装娜娜日记、韩风快时尚大码女装范·奎恩、韩风时尚妈妈装迪葵纳、东方禅意设计师男装自古等10个品牌，通过不同的品类、不同的年龄层、不同的设计风格等去覆盖各种人群，占领市场，多品牌之路做得风生水起。与此同时，韩都衣舍2014年增加了互联网品牌代运营模式，实现了自有品牌和服务品牌共同运营，搭建了互联网品牌孵化的平台。2016年韩都衣舍开始建立互联网生态系统，并自主研发了商业智能系统，2017年正式开启韩都衣舍互联网品牌生态系统（图1-1）。

2008~2011	2012~2013	2014~2015	2016之后
单品牌阶段	多品牌阶段	互联网品牌孵化平台	互联网生态系统

图1-1　韩都衣舍发展历程

在自有品牌发展的阶段，韩都衣舍将"以产品小组为核心的单品全程运营体系（IOSSP，Integrated Operating System for Single Product）"作为其核心竞争力，在此基础上应运而生的赋能平台成为韩都衣舍向互联网生态系统运营转化的最坚实基础。品牌孵化则成为韩都衣舍打造生态运营系统的试金石，在生态系统中，韩都衣舍从最初的通过赋能孵化的价值创造模式，向通过资源共享的价值创造模式转化，成功实现了从自有品牌公司向生态运营平台的转变。

● 韩都衣舍的"互联网+服装"创新模式

（1）买手制向小组制的演变。韩都衣舍为赋能型的倒金字塔组织模式，其内部构成主要为"产品小组+服务平台"。

小组制即"以产品小组为核心的单品全程运营体系（IOSSP）"，是稻盛和夫的阿米巴经营模式在电商行业的应用，也是在韩都衣舍创立之初的买手制的基础上演变和发展而来。

韩都衣舍成立之初采用的是买手制模式，公司从韩国服装类网站的3000个品牌中筛选出1000个之后，分给40个买手，要求每个买手负责25个品牌，并每天从中选8款商品到淘宝网预售，预售成功后到韩国网站下订单发货给国内买家。买手制在后期演化成为公司为每个买手配置5万元资金，让其自行联系韩式风格服装的工厂组织生产，获得的收益滚存为下一轮自己扩展业务的周转资金。由于这种买手制的代购模式存在交货周期长、退换货成本极高、图片与实物不符等问题，2009年下半年，韩都衣舍摒弃了从韩国厂家采购的模式，积极在国内寻找工厂代工，统一使用韩都衣舍品牌，并由原来的买手负责相关的商务谈判、仓储、物流等工作。此时，由于工作内容的增加，买手在专业水平、时间、精力等方面均难以保证工作的效率和质量。为此，韩都衣舍积极推动买手制的演变和组织结构的调整，促使买手制向小组制演变。

（2）小组制的构成与运作机制。产品小组由3~5人构成，核心成员包括买手和产品设计师、页面设计及销售人员、货品管理及内部运营人员，每个产品小组独立完成产品选款、设计、订货、商家等所有流程。产品小组模式在最小的业务单元上实现了"责权利"的相对统一，有与管理层确定预计完成的销售额、毛利率和库存周转率的责任，在非标准化环节小组拥有很大的决策权，其中包括产品设计、库存管理、促销活动的参与，以及在公司制定的最低价格及折扣标准的基础上自行确定价格及折扣率等。在资金和业绩提成方面，对于新成立的产品小组，公司会为其配备2万~5万元的初始资金，正常运营后，小组资金使用额度主要取决于上个月的销售额，产品小组共同分享业绩提成，根据产品的毛利率和库存周转率来计算总提成，小组的提成额＝［（小组销售额－小组基础任务额）×毛利率－费用］×［1+（小组实际周转次数－标准库存周转次数）×调节系数］×提成系数×小组目标达成率×大组目标达成率。

韩都衣舍共有300多个产品小组，它们是公司的发动机，独立核算，独立经营。3~5个产品小组组成一个产品大组，3~5个产品大组组成一个产品部，这样小组之间形成一个利益共同体，有利于小组之间优势资源的分享与交流，促进品牌的良性循环。图1-2为以产品小组为核心的单品全程运营体系。

（3）小组制的优势与效果。小组制有助于运营效率的提高。小组制的组织模式使得产品设计、产品销售、货品管理与运营的联系更加紧密，他

图1-2 以产品小组为核心的单品全程运营体系

们之间形成了一个利益共同体,小组结构更容易协调管理每款产品的开发以及制定相应的运营策略。小组内的员工们专注于单品开发工作,主动、自觉地研究市场、创新款式、节约成本、促进销售、改善绩效,具有很高的工作效率。

小组制有助于库存风险的降低。每个小组业绩考核的核心指标是销售额、毛利率和库存周转率,为了获得更大利润,每个小组会深耕自己的产品,根据公司提供的各种参考数据,预估销售量,下订单时会遵循"少量多次"的原则,严格控制风险库存。

小组制有助于多品牌战略的人才储备。小组制模式使得每个小组成员各司其职,在各自的职责范围内有很大的决策权,同时也担负相应的责任,这使得小组成员在各自擅长的领域得到很大的锻炼。同时,小组制模式使得小组成员之间联系更加紧密,相较传统企业而言更容易接触到产品从设计到生产,再到销售的整个运营过程,这样能够为企业培养具有经营思维的各类人才,为多品牌战略提供重要的人才储备。

小组制为韩都衣舍带来了很好的市场表现,在实施小组制之前的2008年,韩都衣舍的年销售收入仅为130万元,2009年开始探索买手制向小组制的转型，2011年已构建起以产品小组为核心的单品全程运营体系，当年销售收入突破3亿元，并在2015年达到12.60亿元，2016年销售收入达到14.32亿元，2017年更是突破16亿元。与此同时，聚集在平台之上的小组绩效也逐步改善，2014年小组平均销售额557万元，平均开发款式120个，2015年小组平均销售额630万元，平均开发款式150个。在这种模式下，韩都衣舍一年开发款式高达3万款，超过以快时尚著称的ZARA品牌的年开发款式量。

（4）小组制存在的问题及韩衣都舍的解决之道。小组制对人才的快速补给及培养提出了更高的要求。小组制模式下每个小组成员之间分工明确，这使得团队合作更加紧密，工作效率更加高效，但小组裂变后带来的问题也会突出于传统组织模式。小组内任何一个成员的变动或离开都会影响到所负责产品是否能够在既定时间上市并推广等问题，因此对人才的快速补给提出了很高的要求。同时，小组制模式对小组成员的素质要求比较高，缺乏经验的新成员势必增加时间成本和试错成本。

韩都衣舍建立了韩都大学，韩都大学的建立为人才补给提供保障，同时制定保护裂变的相关措施，如老带新的政策，原小组对新小组进行运营辅导，新小组向原小组贡献月销售额的10%作为原小组的培养费，持续1年。

小组制模式与服务平台对接的问题。每个小组独立运营所负责的产品，小组内每个成员都需要与相关的服务平台进行对接。小组制的飞速发展使得产品小组与平台部门的交叉工作急剧增多，平台部门的运营成本也趋于膨胀，小组制对服务平台的运营能力提出了更高的要求。为此韩都衣舍借鉴产品小组的经验，逐步将小组制推广到平台部门，将摄影、采购等支持平台改造成以运营小组为单位的利润中心，与产品小组之间建立交易关系，且鼓励平台运营小组可以面向市场从事企业外部的交易活动。同时，韩都衣舍加大平台建设的投资，重视平台的打造，这为后来的平台开放以及生态系统的创立奠定了基础。

倒金字塔型的组织结构中小组权限的限定问题。小组制模式虽然以产品小组为核心，小组成员在非标准化的程序如产品设计、款式量的确定、存库深度等方面拥有很大的决定权，但公司仍需考虑设定小组权限，避免形成唯销售额所带来的品牌形象不稳定等问题，包括最低价格和最低折扣率的确定，形象款与基本款比例的确定等，公司应把握这类权限，以免造成只考虑销售额、库存周转等带来的损坏品牌形象等问题。

小组间因分工不同所带来的利益分配问题。在小组制模式下，小组与小组之间按照不同的服装品类进行分工，有的小组做连衣裙，有的小组做牛仔裤，而服装品类直接会对销售额产生影响，从而直接影响到小组的收益及小组成员的业绩提成，造成小组与小组之间的利益分配并不均衡。

小组制模式的复制需要具备一定条件。小组制模式为韩都衣舍带来了很大效益，但该模式的复制需要具备一定的条件。首先是企业的业务模块能够拆分成不同的小组，且绩效能够以小组为单位进行相对公平的核算。其次是小组制模式需要强大的服务体系作为支撑。韩都衣舍是以小组制为原动力，倒逼供应链等服务体系逐步完善，各个小组的高效运转，离不开背后强大的服务体系。

● 柔性供应链系统为生态系统搭建提供保障

（1）柔性供应链系统的发展过程。韩衣都舍在成立初期，处于为了满足销售的基本需求寻找供应商的阶段，打造供应链可谓困难重重。依托网络销售的快时尚所具备的服装数量少、品类多、批次多、当季返单快等特点，与国内OEM配套的供应商很不适应，韩都衣舍不得不投入大量人力和资金帮助上游企业进行柔性制造改革。2013年，韩都衣舍开始循序渐进地实施柔性供应链改造计划：第一，以大数据采集、分析、应用为核心，以公司IT为依托，完善软件研发和基础硬件设施，SCM、CRM、BI系统陆续上线，并同步供应商，增强管理的精准度和时效性。第二，确立"优质资源原产地、类目专攻"的供应链布局战略。第三，与原产地供应商联手，模块化切分生产流程的资源配置，并重组服装加工业的组织架构。第四，扩大柔性供应链的服务外延。2015年，积淀7年之久的柔性供应链正式开放，成为日后韩都衣舍生态运营平台的重要组成部分。同年，韩都衣舍开始逐步建立自己的自营生产基地，以便拥有更多的主动权。

（2）以大数据为驱动的柔性供应链系统。韩都衣舍要建立"款式多、更新快、性价比高"的竞争优势，不仅需要产品小组的快速运作，还需要柔性供应链管理的匹配。韩都衣舍的供应链管理中，营销企划、产品企划和供应商生产紧密结合，具有即时互动的互联网特征。营销端针对各个电子商务平台制定了年度营销计划和细节；产品端根据营销端计划，合理规划产品结构和供货周期；生产端根据产品端的规划与生产商高效合作，安排充足的时间和预留产能。韩都衣舍秉持"多款少量，以销定产"的原则解决了传统服装产业开发周期长、款式数量少、滞销库存率高的弊端。

在互联网时代，消费者无时无刻不在贡献着大量的数据，即便是在消费者没有真正消费的情况下，也贡献着浏览量、浏览时长、收藏等非常具有市场价值的数据。基于这样的大数据，韩都衣舍采用了"以爆旺平滞算法为核心的C2B运营体系"，能够更加精准地进行快速返单。在新产品上架的5～10天，即可根据运营数据将产品分为"爆、旺、平、滞"四个类型，使小组能够迅速决定是否对产品的款式及结构进行调整或及时转向，以精准契合消费者的最新时尚需求。不同级别的产品，企划中心也有统一的营销政策，产品小组在企划中心的标准政策范围内，根据市场行情进行商品营销策略的确定和实施，爆款、旺款会迅速追单，平款和滞销款就会迅速打折。这样的C2B运营体系为建立以大数据为驱动的供应链系统带来可能。

以大数据为驱动的数字商业智能化柔性供应链系统，使得韩都衣舍"多款少量，快速返单"模式成为可能，极大地解决了服装企业因生产周期长而带来的市场需求预测不准以及大量库存的问题。

（3）以智能为依托的柔性供应链系统。传统服装企业由于产品开发周期长，一般实行反季节生产的模式，夏季生产冬季服装，冬季生产夏季服装，从而导致企业对市场的反应迟钝，极易因为市场需求变化而造成库存积压。针对这一问题，韩都衣舍配合单品全程运营体系的销售特点，建立了以"多款少量，快速返单"为核心的柔性供应链体系，在向生产厂商下订单时采用多款式、小批量、多批次方式，以便快速对市场做出反应，避免高库存风险。

区别于传统企业的供应链，韩都衣舍的柔性供应链以精确的大数据管理为支撑，是数字商业智能化的柔性供应链系统。韩都衣舍通过信息化手段大力改造和提升自身的供应链管理水平，将30家核心物料供应商、240多家生产商整合到供应链体系中，并不断完善后台服务体系，形成以商业智能集成系统（BI）为核心，整合供应商协同系统（SRM）、供应商管理系统（SCM）、订单处理系统（OMS）、仓储管理系统（WMS）、物流管理系统（TMS）、企划运营管理系统（HNB）和活动管理系统（PAM），为小组和上游供应商以及下游在线交易平台和物流快递平台的有效连接创造条件，为小组创新创意转化为实际产品并进入市场提供强大的资源支持。

为保证效率，韩都衣舍要求供应商适应快反应的柔性供应链模式，并建立供应商分级动态管理系统，包括供应商准入机制、供应商绩效评估和激励机制、供应商分级认证机制、供应商升降级调整机制和供应商等级内订单调整机制。从供应商的遴选、分级、合作模式、绩效测评、订单激励和退出等方面进行严格的动态管理。

在供应商准入方面，由供应商管理小组、相关业务部门、品控管理小组到生产供应商进行实地访厂和现场打分，重点评估厂家的信用等级、生产能力、运营状况以及品质管理等。通过审查的厂家在试单测试通过后，方可成为韩都衣舍的正式供应商。

合作模式方面，为了确保订单配置灵活性，使供应商既重视韩都衣舍大客户，又不让其完全依赖韩都衣舍，韩都衣舍一般采取半包模式，即只包下工厂50%~60%的生产线。对于优秀生产供应商的扩充产能和生产线，韩都衣舍会追加包生产线，保持在生产供应商的一半产能。

在供应商绩效测评和激励方面，韩都衣舍根据季度测评结果将供应商动态划分为5A级战略供应商、4A级核心供应商、3A级优秀供应商、2A级合作供应商、A级新供应商，采取不同的激励。例如，针对A级新供应商，韩都衣舍会评定其合作规模、合格率、交期完成率三项数据，再进一步根据沟通交流是否流畅、理念是否一致等主观判断进行打分。如果得分较好，会将其升级为2A级合作供应商。

在退出机制方面，供应商如果连续两个季度测评等级下降或者产品品质连续两次降至规定的标准以下，将给以暂停合作、缩减订单甚至停止合作的惩罚。

以商业智能为依托的柔性供应链体系灵活调配营销企划、产品企划和供应商生产，使企业得以与供应商进行高效合作，供应商有足够的时间和产能，根据韩都衣舍企划端的方案及时完成生产任务。整合后的供应链系统能够完成最小30件起订的供应量，平均下单周期保持在20天，每天90~100款，每年能够支持3万款，产品当季售罄率达到97%左右，仓储周转率达到6.8次/年，合作供应商累计超过1000家，供应商90%的业务量来自韩都衣舍。许多供应商结合快反应需求，将原有大批量生产方式转变为小批量多批次生产的模式，保证夏季产品接单后12天入库，冬季产品30天入库，双11等销售高峰产品7天入库。

● 创新孵化平台的构建

（1）内部孵化阶段。随着韩都衣舍"以产品小组为核心的单品全程运营体系"的日益成熟，2012年开始，公司内部鼓励业绩优秀的产品小组创立新的品牌，韩都衣舍将成功的经验和体系复制到新品牌上，实现了内部孵化。韩都衣舍设立了专门的品牌规划组，负责对新品牌的诞生规划品牌额度和提供资金支持，并将提成比例从原来的1.5%提高到2.5%，为新品牌的诞生提供鼓励和孵化机制。2012年公司诞生了3个新品牌，2013年公司又诞生了4个新品牌，均为品牌的内部孵化。

（2）外部孵化阶段。单纯依靠内部孵化新品牌不足以实现产品生态圈的建立，生态优势的获取更关键地在于开发和利用外部资源。因此，为支持外部品牌的孵化，韩都衣舍形成了"小前端大后端"的组织结构，以品牌创意与设计系统、IT系统、客服营销系统、专业集成服务系统、中央储运系统、柔性供应链系统形成一个后端平台，为孵化产品提供全方位的支持，实现成功经验由内到外的复制和扩散。

2014年下半年开始，公司加快向"基于互联网的多品牌孵化平台"的战略升级。韩都衣舍通过战略收购和品牌孵化平台的搭建进行新品牌的外部孵化，产品品类涵盖女装、男装、童装、箱包等，韩都衣舍计划将于2020年实现50个品牌以上的产品布局，将交易规模提高至100亿元以上。随着企业赋能平台的发展，韩都衣舍的品牌孕育和运营能力、供应链管理和整合能力、客户服务能力、资源获取和运营能力等不断积累、沉淀，使韩都衣舍在外部孵化上游刃有余，对于所孵化的品牌在供应链系统、IT系统、仓储系统、客服系统等方面以平台的方式给予全方位支持。外部孵化为日后生态系统的完善与升级带来契机。

随着孵化平台的成熟与发展，韩都衣舍在2017年推出"智汇蓝海互联网品牌孵化基地"，独创了"场内孵化+云孵化"的线上品牌生态孵化运营模式，依托"韩都动力"和"智汇蓝海"为创业者赋能，升级为生态赋能型孵化器。孵化基地一方面导入韩都衣舍的运营能力与系统能力，另一方面大力建设含资本、培训、咨询、媒体、政府、银行、路演、论坛、社群、法律事务、知识产权保护、创业大赛等完整创业服务的生态系统。通过平台开展互联网品牌的代运营业务并对市场上的其他快时尚品牌提供支持。截至2018年，韩都衣舍运营的品牌数量100多个，其中自有品牌（含合资品牌）达到 22 个，云孵化品牌（代运营品牌）超过 60 个。

● 创新生态系统升级

（1）生态系统的构成。所谓二级生态，是基于阿里、京东、唯品会等平台构建的一级生态基础上，依托数字化商业智能系统打造的系统。一级生态可以叫作消费互联网，二级生态可以叫作产业互联网。打造二级生态系统，意味着韩都衣舍从最初的品牌商角色转变为兼具品牌商和服务商的双重角色，开启了"品牌商＋服务商"双轮驱动模式，最终形成一个包含品牌商、生产商、服务商、消费者等利益相关者的商业生态圈来实现平台型发展。

（2）生态系统的发展进程。韩都衣舍于 2016 年开始了二级生态的尝试，从聚焦于精确匹配的一级生态（如淘宝、京东的平台模式）到聚焦于品牌高效转化的二级生态发展，从内容生态圈向产业生态圈发展（图 1-3）。

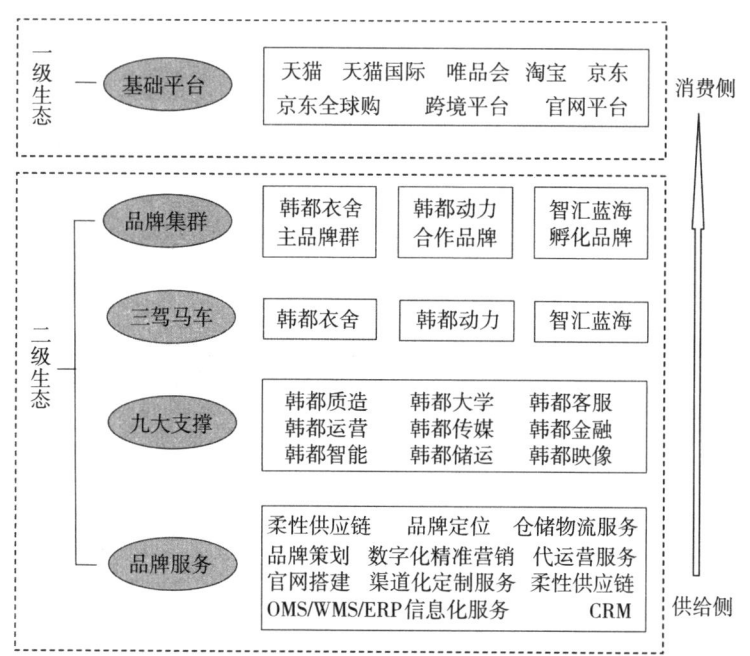

图 1-3　二级生态系统构成

2016 年 5 月，韩都衣舍逐渐形成了集韩都智能、韩都传媒、韩都储运、韩都客服、韩都质造、韩都运营、韩都映像、韩都大学、韩都伙伴九大系统为一体的服务型平台，并独立成为子公司韩都动力。这九大系统形成的"大后端"从内容生态圈时期的孵化内外部新品牌，进一步升级到了产业生态圈形态，在平台富余产能的基础上开启了"品牌商＋服务商"的战略布局，通过云孵化和代运营的方式为初创品牌、传统大牌、国际品牌等提供线上运营服务，实现由传统的互联网品牌商向服务商的转变，打造互联网服饰行业的二级生态，探索生态优化。

2016年7月，作为二级生态平台的着陆点，智汇蓝海互联网品牌孵化基地应运而生。通过基地建设，将韩都衣舍的九大生态体系导入平台内企业，解决平台内企业运营痛点，推进互联网电子商务企业的转型升级，实现企业的快速增长。

2017年，韩都衣舍推出二级生态运营商平台，并全面对外开放。

（3）生态系统的价值创造模式。

①通过赋能孵化的价值创造模式。韩都集团以智慧蓝海、韩都动力为主动力，以韩都智能、韩都传媒、韩都储运、韩都客服、韩都质造、韩都运营、韩都映像、韩都大学、韩都伙伴九大系统为支撑，开放共享韩都衣舍强大的服务平台，提供柔性供应链、中央仓储、商业智能、数字化精准营销、客服全托管等多项服务。供给方根据自己的需求，进行菜单式服务项目的选择，实现同韩都衣舍资源共享，完成与一级生态的完美对接。这部分的服务正是基于韩都衣舍在品牌运营阶段所积累起来的强有力的赋能平台，以及自有品牌孵化过程中所积累的经验而建立起来的。

②通过资源共享的价值创造模式。平台系统构建是韩都衣舍实现平台价值创造的基础，其核心作用在于形成跨界资源的多方共享、价值的多方共创的平台价值创造模式。随着韩都衣舍平台的不断扩大，不同平台成员之间会形成新的资源交互，在不同的相关利益者进入平台后，韩都衣舍构建起自身与成员、成员与成员之间的资源共享联结点，发展了网络化协同能力，当这个网络越大，匹配的资源就会越多，韩都衣舍通过资源网络化

协同能力所构建起来的资源共享联结点也会越多。生态圈成员在资源共享的基础上，实现价值创造的共生和再生。平台中成员之间的合作，不仅仅解决了彼此的资源需要，它们之间的共同演化也推动了整个生态圈的发展。

（4）生态系统的成效。韩都衣舍二级生态平台创新模式，突破了传统平台的企业集群发展的地域空间，独创了云孵化模式，通过互联网技术，依托平台资源，实现对国内乃至全球品牌的跨地域合作。目前，韩都衣舍通过这种模式，已经为70余个品牌进行了跨空间合作，通过平台资源导入，这些品牌都实现了跨越式的发展。截至2016年，韩都动力已为23区、ROSEBULLET、LOAKE、EKOBABY、三由户外等50余家国内外品牌提供电子商务整合服务，代运营品牌超过160个，生态优势初现成效。

● 韩都衣舍持续创业之路

与传统服装企业不同，韩都衣舍以"互联网+服装"起家，伴随着中国互联网红利取得了飞速发展，以小组制为核心进行管理模式创新，将日本管理大师稻盛和夫的阿米巴经营理念应用到了极致，形成了韩都衣舍特有的核心竞争力。

韩都衣舍由原来的产品多元化战略到生态战略，再到二级生态布局，一步步走上了行业领头羊的位置。韩都衣舍所建立的生态系统不仅仅是对企业内部资源的有效利用，更是对企业外部资源的协同与整合。从内部来说韩都衣舍的优势在于互联网服装品牌的运营和柔性供应链的构建，从外部来看互联网红利正在逐渐消失，服装行业的竞争仍然是红海一片，作为一家以服装起家但目标在建立生态系统的企业来说，韩都衣舍还有许多问题需要回答。

（1）如何让系统匹配不同企业的需求。如何让自身的资源实现最大化利用，能够对接不同行业的企业的差异化需求？即使都为服装品牌，也存在着诸多差异，如何让柔性供应链系统能够服务于不同类型的服装企业，实现资源利用和价值创造的最大化？

（2）如何更好地设计生态系统的盈利机制。在网络化的价值结构中，平台模式盈利点的设计关系到整个平台关系的扩展性和开放性，而这也会影响生态圈的发展边界，如何设计生态系统的盈利机制以保证系统的良好运行？

（3）如何保证生态系统的可持续发展。如何利用核心优势吸引成员的参与并提高成员的黏性？韩都衣舍需要考虑如何处于生态系统的主导地位，去协调和掌控整个生态系统的资源共享和价值共创，使生态系统实现可持续的发展。

韩都衣舍仍在路上，不断创新，不断进取，用实践和探索回答着人们关于它的一个又一个疑问。

● 信息来源

[1] 安踏官网：www.anta.com

[2] 新浪微博：秦朔：成就世界级公司有多少绕不开的路——回望安踏成长之路 https://finance.sina.com.cn/zl/2019-04-17/zl-ihvhiewr6519250.shtml

[3] 朱良杰，何佳讯，黄海洋. 互联网平台形成的演化机制——基于韩都衣舍的案例研究 [J]. 管理案例研究与评论，2018，11（2）：163-180.

[4] 徐鹏杰. 互联网时代下企业竞争范式的转变：从竞争优势到生态优势——以韩都衣舍为例 [J]. 中国人力资源开发，2017，5：104-109.

● 读者思考

（1）安踏能够从家族企业成功转型为一家具备现代化管理的企业，主要原因有哪些？

（2）时代背景和创新的方法在韩都衣舍的快速发展历程中扮演着什么样的角色？试进行分析。

第二章

跨界

——品牌服装企业跨界营销经典案例

第一节　服装品牌与其他行业的跨界营销

一、理论导读

跨界营销，英译 crossover。它是现在潮流圈最常见的字眼。crossover 的原意是跨界合作，指的是两个不同领域的合作。在更多的时候代表一种新锐的生活态度和审美方式。

随着市场竞争的日益加剧，行业与行业的相互渗透、相互融会，已经很难对一个企业或者一个品牌清楚地界定它的属性，跨界现在已经成为国际最潮流的字眼，从传统到现代，从东方到西方，跨界的风潮愈演愈烈，已代表一种新锐的生活态度和审美方式的融合。

每一个优秀的品牌，都能比较准确地体现目标消费者的某种特征，但因为特征单一，往往受外界因素的影响也比较多，尤其是当出现类似的竞争品牌，这种外部因素的干扰更为明显。而一旦找到了一个互补性的品牌，那么，通过多个方面对目标群体特征的诠释，就可以形成整体的品牌印象，产生更具张力的品牌联想。互补性品牌之间，也更容易产生品牌联想。

需要注意的是，品牌印象并非品牌形象，而是基于品牌本身与目标消费群体特征的联系，形成的一种整体印象，它有别于品牌形象。由品牌可以联想到消费群体特征，由消费群体特征也可以联想到品牌。

跨界合作对于一个品牌最大的益处是让原本毫不相干甚至矛盾、对立的元素，相互渗透、相互融会，从而产生新的亮点，说得更加直白一些就是有更多的机会让消费者掏出钱包。

从跨界合作中得到更多的噱头而提高产品的成存能力固然是一个重要原因，但是更深层的意义则是把原本的竞争对手转化为合作伙伴，最简单同时几乎是零成本享受竞争对手或者其他品牌的知名度和市场。对于一个品牌来说，知名度和忠实用户数量是生存的基础，而这两个属性都是经过时间的沉淀以及曾经的巨额投入、赌博性质的抉择换取的，无法通过简单的金钱堆砌而达成。

现在商家经常提出的整合（Curriculum Integration）理念：按照统一标准，实施数据集中，在此基础上，进一步使有交叉的工作流彼此衔接，通过一体化的举措而实现信息系统资源共享和协同工作。其精髓就是将分散的要素组合在一起，最后形成一个有效率的整体。

共享一部分并非专利的内容或者信息，共享一部分品牌特点，共享一部分忠实用户群，但是换取的是更大的利益，更多的用户，更广的市场，还有可能就此发现新的契机。

（1）跨界营销意味着需要打破传统的营销思维模式，避免单独作战，寻求非业内的合作伙伴，发挥不同类别品牌的协同效应。跨界营销的实质是实现多个品牌从不同角度诠释同一个用户特征。

（2）跨界营销策略中对于合作伙伴寻找的依据是用户体验的互补，而非简单的功能性互补。可以肯定，跨界营销和逐渐盛行的以用户为中心的营销理念暗合并非偶然。

（3）跨界营销面向的是相同或类似的消费群体，因此企业在思考跨界营销活动时，需要对目标消费群体作详细深入的市场调研，深入分析其消费习惯和品牌使用习惯，作为营销和传播工作的依据。

（4）跨界营销对相互合作的企业而言，在营销能力上提出了很多挑战。以往企业的营销战略只需要考虑如何使用好企业自身的资源，而由于联合，企业需要考虑如何通过战略上的修正，在与合作伙伴的互动中获得资源利用上的协同效应。

（5）需要注意的是，当品牌成为目标消费者个性体现的一部分时，这一特性同样需要和目标消费者身上的其他特性相协调，避免重新注入的元素和消费者的其他特性产生冲突，造成品牌印象的混乱。

二、Adidas（阿迪达斯）

● 公司历史

Adidas 创办于 1949 年，是德国运动用品制造商阿迪达斯 AG 成员公司。以其创办人阿道夫·阿迪·达斯勒（Adolf Adi Dassler）命名，1920 年在黑措根奥拉赫开始生产鞋类产品。

Adidas 原本由两兄弟共同开设，在分道扬镳后，阿道夫的哥哥鲁道夫·达斯勒（Rudolf Dassler）开设了运动品牌 Puma（彪马）。2011 年 3 月，Adidas 斥资 1.6 亿欧元将其经典广告语 Impossible is nothing（没有不可能）更新为 Adidas is all in（全倾全力）。2017 年 6 月，Adidas 入选《麻省理工科技评论》2017 年度"全球 50 大最聪明公司"榜单。

Adidas 的主要对手是 Puma 及 Nike。在 2005 年 8 月，Adidas 宣布以 38 亿美元收购对手之一的 Reebok，收购有助于增长其在北美洲的市场占有率，并促进其与 Nike 在该领域内竞争中所扮演的地位。Adidas 在运动用品的市场占有率上紧随 Nike 之后，排名第二。

Adidas 产品包括球类和田径运动服饰、运动鞋、瑜伽服饰、运动配饰（腕表、眼镜等）、休闲鞋类、男士香水和护肤品等。2009 年 12 月 9 日，Adidas 和迪士尼共同宣布，双方将携手推出全新婴儿及童装系列产品。

Adidas 旗下拥有三大系列：运动表现系列 performance（三条纹 logo）、运动传统系列 originals（三叶草 logo）和运动时尚系列 style（圆球形 logo）。运动时尚系列下又分三个子品牌：Y-3、SLVR 和 NEO LABEL。

● 品牌文化

Adidas 集团致力成为体育用品和体育生活方式的全球领导者，推动大众体育运动事业发展，引领大众化的运动风潮。

阿迪达斯希望通过设计和创新让所有运动员发挥出最高水平，为市场带来最佳性能。

Adidas 预测并努力满足消费者和客户的全方位需求，不断营造创新文化，挑战自己，打破常规，拥抱变化。秉持这种充满激情和挑战的企业文化，Adidas 不断挑战，打破产品、服务和流程的界限，提高竞争力，最大限度地发挥集团的影响力。Adidas 在确保产品基本的大小和颜色等可用性的基础上，提高技术创新水平，实现产品的高端时尚、高质量标准。

Adidas 是一个全球性组织，是多项体育运动的世界级赞助商。尤其在世界足坛上，它受到的支持度更是没有任何一家运动用品厂商可以比拟的。尤其当 Adidas 发明第一双钉鞋后，更是受到顶尖足球运动员的支持与喜爱。1974 年的德国世界杯中 80% 以上的出场球员都选用了 Adidas 的球鞋，由此便可得知当时 Adidas 在世界足坛的威力。而在 1998 年的法国世界杯中，东道主法国队更是凭借 Adidas 足球鞋的优越性能，超水平发挥，击败群雄勇夺冠军。由 Adidas 设计球衣的国家足球代表队包括德国、俄罗斯、西班牙、罗马尼亚、墨西哥、巴拉圭、乌克兰、苏格兰、瑞典、丹麦、斯洛伐克、拉脱维亚、日本、尼日利亚、阿根廷、委内瑞拉、哥伦比亚等。自 1970 年世界杯开始，Adidas 成为国际足联官方用球指定赞助商，并为其后每一届世界杯提供比赛用球。此外，Adidas 还提供欧洲杯、欧冠、德甲、J 联赛等的比赛用球。Adidas 在篮球、板球、橄榄球、手球、田径、网球、棒球、拳击、游泳以及最新潮的极限运动等运动项目中均占有一席之地。

"我们的运动激情让世界变得更和平"是 Adidas 的发展愿景。诚实可信、负责守信、鼓舞人心、发展创新、诚挚坦率、富有经验是 Adidas 的品牌核心价值。

● Adidas 与明星的绚丽交响

（1）Adidas Yeezy。在 2015 年 2 月纽约时装周的晚上，饶舌歌手坎耶·维斯特（Kanye West）发布了他与 Adidas 合作的第一个时装系列产品——被称作 Yeezy 的运动鞋系列，而更多的消费者喜欢亲昵地称之为——椰子鞋。发布后的几分钟内，9000 双 350 美元的椰子鞋就在美国国内被抢购一空，且转售点的平均价格是 1500 美元，一些倒卖人甚至叫价 5 倍。Yeezy Boost 350 V2 扩大了产量，在北美地区限量发售 2 万双。2017 年 6 月，Yeezy Boost 350 V2 Zebra 在内地 16 个城市 36 家店中第二次正式发售。由于系列产品有限，Adidas 此次发售采取了 APP 预约选购形式。

但这一连串炫目的销售成绩，反而让 Adidas 的真正意图被掩盖了。就在这场发布会上，曾经带着自己的 Air Yeezy 产品线在 Nike 待了 4 年的坎耶愤愤地说出了自己退出 Nike，加盟它对手 Adidas 的初衷：Nike 限制了我的创意自由，没有给我机会去成长，Adidas 让我实现梦想。

其实，这段话语也暴露出了 Nike 与 Adidas 之间的定位差别，前者更重视科技含量，而后者正逐步走向时尚领域。至少在椰子鞋身上，这款带有侧拉链和飞船级泡沫制成的专利弹性鞋底的绒面革高筒运动鞋，被关注的并不是其中的科技含量，消费者的评论更集中在"它很像《星球大战》的道具"。

这只是 Adidas 这个德国运动品牌，运动鞋领域的千年老二，向 Nike 这个美国大佬发起冲击的一次小演出罢了。而发起冲击的方式，也非全产品线的全面冲锋，Adidas 选择了一个更小的角度，用"单品＋爆款"的方式，绕开 Nike 重兵防守的"马其诺防线"，用时尚概念直接从地图的边缘，撬起新的市场活力。

纽约运动鞋协会 SneakerCon 的成员 Alan Vinogradov 观察到，协会成员已经从几年前的人脚一对 Air Jordan 逐渐向 Adidas 倾斜，现在协会举办活动时，穿 Adidas 的人已超过 Nike。*Footwear News* 早前报道，Adidas 的 Yeezy 系列很大程度上推动了转售市场的业绩增长。

虽然 Kanye West 与 Adidas 推出的 Yeezy 系列销售火爆，但对品牌整体业绩的影响却很难从一而论。从长远来看，Adidas 与 Kanye West 的合作是值得的。为进一步地进行全球扩张，Adidas 与 Kanye West 达成协议，宣布将成立一个新品牌"Kanye West+Adidas"，计划投资高达 10 亿美元，这是 Adidas 首次让品牌的设计团队配合 Kanye West 一起进行创意设计和品牌运营，系列将分为篮球和棒球，包括鞋履、配饰、服装等一系列产品。

Adidas 市场营销总监 Jon Wexler 早前接受采访时也表示，在社交媒体的影响下，运动鞋市场今非昔比。此前品牌通过与运动员合作存在季节性，但在娱乐产业，这些明星能够 24 小时不断地制造新闻与话题，而 Adidas 恰巧找到了 Kanye West 这个能够超越地域推动全球流行文化的人，毕竟 Adidas 最终的目的是影响全球消费者。

（2）Adidas Originals × Rita Ora：Asia-Arena 神秘东瀛风。Adidas Originals 和英国小天后瑞塔·奥拉（Rita Ora）已牵手步入第三个年头。每一个系列 Rita Ora 都会选择一个关键词，如 2014 秋冬的巴洛克式玫瑰、喷雾、颜料，2015 春夏的波普艺术、X 光照下的骨骼、中国龙。小天后设计的灵感元素可以说从古至今、上天入地、横贯东西相当广泛，而风格上则保持了鲜明的个人特色，带着一丝复古的华丽，又有街头的不羁。2016 春夏，Rita Ora 将目光投向了东瀛和马戏团，日本艺妓和空中飞人成为她的缪斯。首先推出的 Asia-Arena（东方舞台）系列，不仅运用了大量浮世绘风格的印花，还将日式传统服装融入到了款式设计之中。其中最抢眼的是一款和服外套，设计了极为肥大的平面裁剪风格落肩袖，并通体覆盖日式印花，而袖子上那三道 Adidas Originals 签名式白杠不仅表明身份，也和传统日式和服碰撞出了更有趣的街头风格。而近来人气火爆的横须贺夹克出现在这个系列中，则是顺理成章的事了。黑白配色的丝绸飞行员夹克上，Rita 选择了仙鹤图案进行刺绣装饰。除了往季常规阵容里的紧身打底裤，这个系列还包含了一款阔腿裤，使整个 Asia-Arena 系列在街头、运动风格之余更多了一份高级时装的质感。

如果说东瀛风对应前两季的中国风、巴洛克风，那么2016春夏的另一个系列Artistic Lights（马戏团之光）则对应了之前的X光和喷雾，一个具象加一个抽象系列看起来是Rita Ora与Adidas Originals联名的固定搭配。这个系列的灵感来自马戏团的空中飞人项目，表演者在空中驰骋的身姿幻变成了系列中的抽象印花，而正如Artistic Lights这个命名所体现的，印花以艺术化的动态彩色光斑象征了空中飞人自由、无畏、曼妙的姿态。除了耐看的纹样，这个系列的材质和款式设计估计非常对街头潮人的口味。肘部挖空的卫衣、夹克，不对称镂空的运动裤；不少设计用到了半透明材质，或通体或局部、或搭配印花或组合经典款纯色设计。显然Rita Ora和空中飞人一样，丝毫无惧成为视线的焦点，还颇为享受在众人注视下挑战极限的感觉。

● Adidas与科技的奇幻旅行

近年来Adidas在运动时尚化的大趋势下，完成了一次绝地逆袭。和众多明星的合作为它贡献了诸多爆款产品，其中NMD就是话题性最强的一款。在NMD R2球鞋面市之际，Adidas和一个技术范儿十足的科技公司合作，推出了"球鞋+无人机"的礼盒包装。2017年3月30日下午，Adidas Originals在微博上发出一组图片，这组图片中不仅有NMD R2，更引人注目的是照片中出现的大疆"御"Mavic Pro随身无人机。无人机和新款NMD球鞋被装在同一个鞋盒里，引得微博下网友纷纷评论"买鞋送飞机啦！""联名联出新高度！"

看似丝毫无关的两个品牌，怎么就突然在一起了呢？其实这款"无人机+球鞋"的礼盒包装，是大疆与Adidas在国内的首次跨界合作，这款礼盒将由Adidas赠送给签约的明星艺人，而非网友想象的推出联名款。携手大疆的尝试，不仅是Adidas对其营销战略的一种延续，也可能是它希望主动做出改变，让品牌变得更具科技感和辨识度的一种方式。

● Adidas的跨界魔法

如果仅仅将Adidas视作一个营销上不断挑逗观众的魔术大师，或许恰恰是 Adidas 希望的，将自己的真实变化隐藏在目眩神迷的障眼法下，偷偷做手脚，以便更好地颠覆对手。

（1）在设计上悄悄试错。在 NMD 上大受关注的颜色革命，其实早就在 Adidas 身上运作。Adidas 资深总监奥布莱恩就表示，"我们想尝试更多颜色，因为颜色就是情绪的代名词"。就在去年，奥布莱恩主推了一款紫色系帆布鞋 Ultra Boost。她戏称"我都差点被从窗户扔出去"，可结果是大卖。据调查显示，85% 的顾客在选择产品时会好好考虑颜色问题。这一调查结果，促成了 Adidas 从黑白走向彩色。

除了变化表面的颜色外，Adidas 也在思考结合各种时尚元素，如在 2014 年，Adidas 卖出了与哥特摇滚设计师里克·欧文斯合作的 800 美元一双的运动鞋，欧文斯是高级男装的黑暗之主，奇形怪状的运动鞋与羊皮相结合——这款在许多人眼中只能用"丑"字概括的鞋子，就和同样被评价为"丑"的椰子鞋一样，卖得很嗨。

（2）继续加大科技含量。但和 Nike 的高科技鞋子不同，Adidas 的科技含量不仅体现在用户穿着时的舒适感上，而且试图融入到时尚之中。比如 Adidas 专利 Boost 减震技术，这项被认为对抗 Nike Flyknit 的科技在 2015 年大获成功，但却并不是靠技术本身，而是通过时尚，特别是被肯耶·韦斯特穿过的 Ultra Boost，几乎在一夜之间压过了 Nike 的风头。甚至潮流网站 Highsnobiety 都在报道中开玩笑地说："穿 Ultra Boost 去时装周的人比去纽约马拉松的人还多。"

科技有时候不是用参数去显示，通过真人演绎，让用户自己去体验，往往效果更好。

（3）让个性化成为用户的终极体验。在 Adidas 的计划中，有个很有趣的噱头，即将 3D 打印技术运用至球鞋制造，最终目的是让每个人都能得到适合自己的球鞋。这个看起来很有技术范的设想，依然体现出了 Adidas 的转变，从技术比拼走向时尚比拼。比如 Adidas 研发了一款"海洋垃圾"球鞋，号称制作原料来自于回收的海洋垃圾，这种产品最大的用处其实就是针对用户的个性化特征，让穿鞋的用户能够更有自己的范儿。而诸如在 Stan Smith 的鞋舌上印明星或自己头像，以及 NMD 的颜色搭配突破黑白界限，其实都是出于相同的目的。

让用户不仅仅是购买爆款，并最终让爆款变成街鞋。Adidas 的爆款尽管可能是特定的某一款式，但却在款式上增加了更加多元的个性化元素方便用户选择，结果爆款之下，每一个色彩搭配、面料选择、图案样式，都垂直切入一个小众化的消费者圈子。而这一切的取得，其实都是在各种时尚设计和 Adidas 科技元素的结合下，逐步完成的。

这其实也给了近乎绝望的饥饿营销一个解读，即同款不同样的各类鞋子，都是精准切入不同的粉丝之中，尽管即使在单个的小众圈子里依然货量不足，但亦可在保持饥饿的同时，确保小众圈子里不至于饱和，对于 Adidas 来说亦可以确保稳健。

让爆款不再是泛大众的流行商品，而成为切合不同消费者需求的单个人的最爱，从简单的功能性运动鞋变成一个个性化的时尚制造者，才是 Adidas 这场用节奏、情怀和饥饿营销等前戏打造的魔术秀，也是和 Nike 决战的法宝。当然，选择这样的战法，某种程度上也是 Adidas 无法和宿敌 Nike 年营销费用 30 亿美元以上直接比拼的一种无奈的边路突围。

正在突围中的 Adidas，将不再是一个单纯的运动品牌。

三、服装与科技的跨界互动

突破面料、设计、剪裁机能设计的界限，深度融合先进的科技，结合可穿戴设备的概念，推出科技化服装服饰，成为服装品牌与科技正在导演的一场跨界大戏。

● Levi's 与 Google 联手打造的智能服饰 Levi's Commuter Jacket

2016 年谷歌"先进技术和项目 (Advanced Technology and Project)"小组发

布了他们 Jacquard 项目的第一件作品——与服装品牌 Levi's 合作研发的智能牛仔夹克"Commuter Jacket"。这款夹克有什么厉害之处呢？原来，它应用 Google ATAP 部门开发的 Jacquard 项目的触摸功能以及手势感应技术，将触感感应式细线编织进夹克袖口的面料，使穿着者可以通过对衣服的撩动和轻抚，实现对设备的操控，比如在骑车时可以切歌。

这件夹克使用的纺织品内含有特质的电子元，具有轻触式遥控功能，专为自行车爱好者打造，能通过无线与智能手机连接。Levi's 创新部门主管 Paul Dillinger 在一次谷歌 I/O 大会上表示，Commuter Jacket 将成为"你骑行和生活的副驾驶员"。穿戴者只需通过触控夹克袖口的"Jacquard Tag"织物手势传感器，就能进行回复电话、Google Maps 逐向导航等各种操作。除此之外，Dillinger 还表示："这是一项可以清洗的技术。"表明用户可以水洗这款智能牛仔夹克，完全不用担心它会遇水损坏。这款 Commuter Jacket 于 2017 年春季正式上市。这次合作虽是联名的形式，但看起来更像是 Google 将技术提供给了 Levi's。

● Data Dress

科技的加入，不仅可以提供各种神奇功能的新衣服，还可以优化服装行业的传统流程，使服装呈现更多可能性。比如服装定制，一直高高在上，无法遍地开花。现在，科技来了，定制不是梦，每个消费者很快就可以利用科技来设计出属于自己独一无二的衣服。

这就是 Data Dress，由 Google 与 H&M 旗下品牌 IVYREVEL 携手，基于 Android 平台上开发的一款 APP。它可以通过手机软件收集使用者一周生活中的数据，比如使用者所在地区的天气，常去的地方，以及个人喜好等进行独一无二的服饰设计。怎么独一无二呢，它会深入到服装的剪裁、图案、各种细节等，最后可以通过 IVYREVEL 进行购买。这个计划目前正在研发阶段，官方表示会努力在今年内推出，而且设计出来的衣服希望定价在 99 美金左右。

● 连接 Wi-Fi 速度更快的手机套

由尾花大辅主理的日本品牌 N.HOOLYWOOD 发布了与台湾品牌 Absolute Technology 的合作,双方针对当时最新的 iPhone 7 机型,打造了黑白两款手机壳。整体以简约为主导,无图案设定,仅仅在手机壳的右上角有一个印有 N.HOOLYWOOD 字样的细节。可别小看了这个细节,此次的合作在前面就已经说过,最大的亮点不在于外观而是性能,这款手机壳加载有 Absolute Technology 的 LINKASE CLEAR 技术,最高可以将手机接收 Wi-Fi 时的网速提升 10 倍之多。右上角的细节正是一个设有可增加 Wi-Fi 强度的可伸缩电磁波导天线的滑动条,当你觉得 Wi-Fi 信号弱、速度慢的时候,滑上去,你会发现又是一片新天地。目前这款手机壳已经可以从 N.HOOLYWOOD 官网买到,售价 55 美元。

● 信息来源

[1] 百度百科:阿迪达斯词条

[2] 商界评论:前戏是门技术活　阿迪达斯的爆款魔术(作者:张书乐,2016 年 6 月)

[3] Steppy 潮流周志:Google × H&M,关于新时代服装定制的跨界合作

● 读者思考

(1)如何评价 Adidas Yeezy 系列的市场表现?

(2)如何有效地进行科技与流行元素的结合?

(3)服装品牌如何在科技化服装上凸显品牌定位?

第二节　服装品牌之间的跨界营销

一、理论导读

跨界营销通过行业与行业之间的相互渗透和相互融合，品牌与品牌之间的相互映衬和相互诠释，实现了品牌从平面到立体，由表层进入纵深，从被动接受转为主动认可，由视觉、听觉的实践体验到联想的转变，使企业整体品牌形象和品牌联想更具张力，对合作双方均有裨益，让各自品牌在目标消费群体得到一致的认可，从而改变了传统营销模式下品牌单兵作战易受外界竞争品牌影响而削弱品牌穿透力、影响力的弊端。同时也解决了品牌与消费者多方面的融合问题，因此越来越多的为营销界所认同并积极付诸实践。

跨界营销在具体实践过程中，企业可采取的策略主要包括以下五个方面：

（1）产品方面，主要包括基于品牌之间的跨界营销如彪马（Puma）与德国高档服饰品牌 Jil Sander 的合作，东风雪铁龙 C2 与意大利知名时尚运动品牌 Kappa 的合作，他们在产品设计或者市场营销上有许多共同点：对产品的设计都追求美感、动感，力求极致；都面向一个类似的消费群体，宣扬运动感、酷时尚，以及卓尔不群的用户体验等。这种跨界是企业间比较流行的做法。

（2）渠道方面，指两个合作品牌基于渠道的共享进行的合作，如创维和华帝合作互相扩大影响，互相借助对方的资源，在三、四级市场进行了营销渠道的创新，试行渠道共用——在华帝专营店展示和销售创维彩电，创维的渠道销售华帝的产品，双方还联手在这些城市展开团购等活动。还有我们看到的化妆品借道 OTC 药店渠道进行销售，实现特殊功能化妆品在 OTC 药店渠道跨界渗透等做法。

（3）营销传播方面，通过对产品的消费群体进行再定义和重新分类，实现产品在另一类行业和市场的突围，如"脑白金"通过广告进行的"收礼只收脑白金！"的创意与传播，实现"脑白金"这个保健品畅销整个礼品行业就是典型的跨界营销传播。同样工业产品统一润滑油借助央视这个媒体通过在大众消费媒体的崛起与润滑油这个工业品市场上的突围也如出一辙。

（4）产品研发方面，主要是指在产品的研发过程中通过借用同行业或另一行业成形的概念、功能来实现产品研发或功能上的跨界，如防脱、排毒、醒脑洗发护发产品，以及减肥香皂、沐浴露是化妆品与药品行业的跨界；许多采用天然植物研发的抗衰老护肤品，是化妆品与保健行业的跨界；护肤辅酶 Q10 运用到护发用品、护肤面膜运用到护发用品等，是化妆品行业内的跨界。

（5）文化、地域方面，主要是通过对产品进行文化借势或者地域优势的嫁接而激活产品的方式，如我们熟知的鲁酒借助儒家文化的孔府家酒、金六福与中国酒文化的结合对产品的重新诠释以及小糊涂仙借茅台镇这个国人皆知的地域名而快速崛起都是这方面的典型。

但是，在现实的实施过程中，很多企业采取跨界营销并没有达到企业所预想的结果，这其中存在的原因主要有两个方面：一是将跨界营销简单地理解为联合促销，单纯地认为任何两个不同行业品牌联合采取互助的促销就是跨界营销。二是在实施的过程中忽视了双方各自品牌、产品、消费群体、资源等方面的研究。因此，对于企业来讲，实施跨界营销需要在对跨界营销正确认识的前提下，遵循以下原则：

1. 资源匹配

所谓资源匹配指的是两个不同品牌的企业在进行跨界营销时，两个企业在品牌、实力、营销思路和能力、企业战略、消费群体、市场地位等方面应该有共性和对等性，只有具备这种共性和对等性跨界营销才能发挥协同效应，如同李光斗先生在南方报业传媒集团主办的"2007年度中国十大营销盛典"上说的："跨界营销最主要要像婚姻一样门当户对，寻求强强联合，这样才能使跨界营销获得1+1>2的效果，否则会给双方带来无尽的痛苦。"

2. 品牌效应叠加

品牌效应叠加就是说两个品牌在优劣势上进行相互补充，将各自已经确立的市场人气和品牌内蕴互相转移到对方品牌身上或者传播效应互相累加，从而丰富品牌的内涵和提升品牌整体影响力。

每一个品牌都诠释着一种文化或者一种方式、理念，是目标消费群体个性体现的一个组成部分，但是这种特征单一，同时由于竞争品牌和外界因素的干扰，品牌对于文化或者方式、理念的诠释效果就会减弱，而通过跨界营销就可以避免这样的问题，如我们常说"英雄配好剑"这句话的道理一样，如果将"英雄"和"好剑"视为两个不同的品牌，那么"英雄"只有配上"好剑"才能体现"英雄"的英武，而"好剑"只有被"英雄"所用，"好剑"的威力才能得以淋漓尽致地发挥，两者互补才能互相衬托，相得益彰，发挥各自的效果。反之则不会起到这样的效果，只是在浪费各自的价值。

3. 消费群体一致性

每个品牌都有一定的消费群体，每个品牌都在准确的定位目标消费群体的特征，作为跨界营销的实施品牌或合作企业由于所处行业的不同、品牌的不同、产品的不同，要想使跨界营销得以实施，就要求双方企业或者品牌必须具备一致或者重叠的消费群体，如著名汽车品牌东风雪铁龙 C2 与意大利知名时尚运动品牌 Kappa 的合作，就是基于 C2 这个品牌象征一种时尚，或者一种比较活跃、前卫的生活方式，Kappa 这个服装品牌也有这样一种诉求，当然这些消费群体的一致性也可以表现在消费特性、消费理念等的相同上。

4. 品牌非竞争性

跨界营销的目的在于通过合作丰富各自产品或品牌的内涵，实现双方在品牌价值或在产品销售上的提升，达到双赢的结果，即参与跨界营销的企业或品牌应是互惠互利、互相借势增长的共生关系，而不是此消彼长的竞争关系，因此这就需要进行合作的企业在品牌上不具备竞争性，这样不同企业才有合作的可能，否则跨界营销就成为行业联盟了。

5. 互补原则

非产品功能互补原则指进行跨界合作的企业，在产品属性上两者要具备相对的独立性，合作不是对各自产品在功能上进行相互补充如相机和胶卷、复印机与耗材，而是产品本身能够相互独立存在，各取所需，是基于一种共性和共同的特质，如基于产品本身以外的互补，如渠道、品牌内涵、产品人气或者消费群体。

6. 品牌理念一致性

品牌作为一种文化的载体，其代表特定的消费群体，体现着消费群体的文化等诸多方面的特征。品牌理念的一致性是指双方品牌在内涵上有着一致或者相似的诉求点或代表相同的消费群体、特征，只有品牌理念保持一致性，才能在跨界营销的实施过程中产生由 A 品牌联想到 B 品牌的作用，实现两个品牌的相关联或者让两个品牌在特定的时候划上等号。

7. 用户为中心

从 4C 到 4P，现代营销的工作中心出现了巨大转变，企业的一切营销行为都从过去围绕企业和企业产品向以消费者为中心转变。解决销售只是一种手段，而关注消费者需求，提供消费所需才是企业真正的目的，企业更多强调消费者的体验和感受，因此对于跨界营销来讲只有将所有的工作基于这一点上才会发挥其作用。

最后，我们应该看到跨界营销作为一种营销方式，其本质的核心在于创新，目的在于通过创新解决新的营销环境下营销中存在的问题，实现合作双方的共赢。企业在实际运用过程中需要把握实施的原则，避免步入"不识庐山真面目，只缘身在此山中"的误区，跳出"庐山"——即跳出品牌看品牌、跳出行业看行业，颠覆传统思维，实行"无边际"运作，大胆借鉴、嫁接其他产品、行业的思想、模式、资源和方法，为我所用，才能超越过去，获得突破，实现多赢！

二、LV（路易威登）

● 公司历史

自1854年以来，代代相传至今的路易威登，以卓越品质、杰出创意和精湛工艺成为时尚旅行艺术的象征。产品包括手提包、旅行用品、小型皮具、配饰、鞋履、成衣、腕表、高级珠宝及个性化定制服务等。

1835年，来自磨坊及木匠之家的路易·威登先生（Louis Vuitton）年方14岁，远赴巴黎闯天下。路易·威登主攻木制品制作，长期的动手实践令他制作榉木及白杨木的手艺大为精进，成为受用一生的宝贵财富。1837年路易·威登先生有幸成为行李箱工匠Marechal先生的Layetie-Emballeur学徒，当时生产行李箱的工匠均被称为Layetie-Emballeur。

不久，以法国铁路通车和蒸汽轮船横渡大西洋为标志的旅行年代正式来临，巴黎行李箱工匠手工制作的白杨木衣箱因其精美和实用而走俏，同时他们又精于为皇室贵族收拾华丽的行装，所以首都巴黎对其产品需求随之急升。1853年，路易·威登已晋升为老板的首席助理，同时成为Eugenie皇后最信任的行李箱专家。自成为皇家御用后，来自上流阶层的时尚客人随即蜂拥而至。

路易·威登于1854年结婚，同年做出建立自己的公司的重要决定。夫妻俩在尊贵地段 Rue Neuve Des Capucines 4 号（即今天的卡普西纳街）开设店铺，选址跟梵登广场（Place Vendome）及后来兴建的歌剧院仅咫尺之遥。

路易·威登成立公司后立即作了一个影响深远的重要决定，就是以耐用又防水的帆布材料将其中一个旅行箱覆盖。四年后，他推出一款全新产品——方便运输的平盖白杨木行李箱。此行李箱表面覆以优质灰色防水 Trianon 帆布，角位以金属包边，装上手挽及托架，表面的榉木条以铆钉钉牢；内部设计同样富有心思，一列隔底匣及间隔方便摆放各式衣物及衬饰。这款新设计不但能保护衣物而且易于携带，更标志流芳百世的路易威登行李箱及现代旅游文化正式诞生。

1859 年，路易·威登决定将生产线迁至还未被印象派画家发掘的市郊 Asnieres。宁静的 Asnieres 小镇位处塞纳河畔，地理位置非常优越：制造行李箱的白杨木材可以从附近的 Oise 山谷由驳船运出，镇内又有铁路连接至巴黎的车站。随着生意扩大，1871 年巴黎的总店亦不敷应用，遂迁至附近的 Rue Scribe 大道 1 号，对面就是著名的 Grand Hotel，当时隔邻的大剧院尚未落成。

公司业务如日中天，但市面却出现各式各样的仿制品，路易·威登为了打击抄袭，遂于 1872 年在灰色 Trianon 帆布中加入红白条纹图案。他的儿子乔治·威登（Georges Vuitton）于 1880 年接掌公司业务，其后于 1888 年推出更复杂的啡白格子新图案，并相间地印上 L.Vuitton 标志字样，令他人难以仿效。一世纪之后，这方格图案便成为另一经典——Damier 系列的创作灵感。19 世纪末至 20 世纪初，乔治在纽约开办了分店，各种用途的箱包也纷纷问世。随着路易威登箱包的畅销，许多赝品也充斥市场。路易威登虽然就此提起诉讼，但并没有制止冒牌货的泛滥。

路易·威登与后人对世界先进事物以及运输、科技、建筑、艺术及时装的发展兴趣极浓，对世界事物观察入微。当时装大师 Charles Frederic

Worth 向路易·威登指出，阔大的撑裙快将没落，轻便的衣裙款式即将取而代之时，他立即有所领悟，于 1875 年创制了一款两面直立打开的衣柜式行李箱，一面是挂衣架，另一面是一列抽屉，让旅客穿梭各地时不需重复收拾衣服。这款 Wardrobe 行李箱至今仍是路易威登最经典的作品之一。

早于 1885 年，路易·威登于伦敦 Oxford Street 开设了一间分店。1898 年乔治·威登深信美国市场的发展潜力，遂与大型百货连锁店老板 John Wanamaker 签订分销协议，首先在纽约及费城销售品牌的行李箱，其后版图扩大至波士顿、芝加哥、华盛顿及洛杉矶等地。

1905 年，即 Henry Ford 推出 Model 汽车前两年，品牌便推出可以藏在后备轮胎中央的防水 driver bag，必要时当作浴盆。最早期的飞行旅程绝少不了充满实验意味的 nacelle trunk 行李箱，就算降落水面时发生意外，飞行人员亦可靠行李箱浮在水面；另一杰作是轻盈的 aero trunk 行李箱，就算满载衣物重量亦只有 26 公斤。最重要的一项革命性发明，则当数乔治·威登掌管公司期间于 1890 年面世的 unpickable 多制动栓按锁，其后品牌生产的所有行李箱均安装这款按锁设计；而每位客人获分配私人锁头号码，即客人的所有行李箱可以同一锁匙开关。这个系统一直沿用至今。

1912 年，巴黎中心商业地带逐渐向西发展，乔治·威登决定在香榭丽舍大道兴建一座新派艺术风格大楼作为品牌的旗舰店，大楼于 1914 年落成，外墙刻着"巴黎—路易威登，创建于 1845 年"。原来大楼的位置刚好在今天的香榭丽舍大道总店对面，墙上的刻字至今仍清晰可见。二次大战后，Monogram 帆布产品需求日增，公司决定拓展全球独家分销网络，品牌开设新店的态度非常严谨，与保持产品完美质素的理念同出一辙。

路易威登于全球开设超过 424 间专门店，全部由总公司直接管理。1987 年品牌与 Moet Hennessy 合并，组成全球最大规模及最成功的奢侈品集团 LVMH。同一时期，品牌的产品领域亦不断扩充，首推 1985 年面世、色泽鲜艳的 Epi 皮具系列，其后 1993 年推出男装 Taiga 皮具系列以及在 1996

年再次重新推出 Damier 帆布系列；同年路易威登庆祝 Monogram 诞生 100 周年，特别委托七位著名时装设计师创作限量 Monogram 手袋，当中最别致的设计为 Azzedine Alaia 创作的美洲豹皮配 Monogram，以及 Vivienne Westwood 设计的鬼马 faux-cul 旅行袋。

路易威登加盟 LVMH 集团，极大地拓展了自己的活动空间。不仅大量生产传统产品高级箱包，还涉足时装、钟表、珠宝等行业，它一家的经营活动就占据了集团业务总量的 70%。1998 年路易威登正式晋身为全面性的时装品牌，男女成衣及鞋履、配饰及珠宝部门相继成立，来自美国纽约的设计师 Marc Jacobs 获委任为艺术总监。当时，时装界对 Marc Jacobs 入主法国殿堂品牌甚为惊讶，但经过几年磨合，两者堪称如鱼得水。

2004 年，路易威登成立 150 周年，到了第六代传人帕特里克·威登手里。集团分别于纽约、香港、东京及上海等地竖立巨大行李箱型帐幕作为庆祝派对场地，向品牌创办人致以崇高敬礼。品牌亦于印度、俄罗斯、中国、南非等地开设了大型旗舰店。充满历史价值的香榭丽舍大道总店大楼经过全面翻新工程后，已于 2005 年 10 月重新开幕。

路易威登现有 1.36 万制作箱包的工匠，他们分别在 14 个作坊工作，除了在法国有 11 个作坊外，在西班牙的加泰罗西亚和美国的加利福尼亚也有生产基地。制作箱包 80% 的活儿都靠手工。路易威登还在 52 个国家开设了 314 家箱包专卖店，仅在中国就开了 9 家。2016 年路易威登总营收 376 亿欧元，高于 2015 年 356.6 亿欧元营收，增幅为 5%。

● 品牌文化

作为箱包和皮具领域的世界第一品牌，路易威登已经成为上流社会的一个象征物。21 世纪路易威登这一品牌已经不仅限于设计和出售高档皮具和箱包，而是成为涉足时装、饰物、皮鞋、箱包、传媒、名酒等领域的巨型时尚航母。

路易威登之所以成为时尚奢侈品的首选，在于它近两百年的历史中，始终重视向其品牌灌注情感元素、文化传统。

路易威登本身所蕴含的品牌文化，让我们体会到舒适、高贵、典雅、自信等感受，也许这些感受未必具有实在的功能，但因为路易威登长期形成的品牌定位，使我们在某种心理暗示的作用下有了这些感受。它作为一个百年品牌，有着很深的法国文化烙印，它代表了一种自由浪漫、高贵典雅的社会文化，这种文化在经济全球一体化的时代，具有很强的传播力、渗透力和亲和力。

随着消费者从奢侈品的物质追求更多地转向精神追求，奢侈品品牌提供的已不仅是一种有形实体，更是超越实体的带有精神因素和强烈感情作用的东西。LV在更深层次上是对人们情感诉求的表达，它反映了一种生活方式、生活态度和消费观念。

1. 尊贵的宫廷文化

路易·威登本人发迹于专为富人们服务的行李打理师，随后在法兰西第二帝国期间担任拿破仑三世皇后的行李打理工作。品牌在初创阶段即烙印上宫廷文化的印记。从整理行李到制作旅行箱就是宫廷生活的一种延续。所以宫廷文化就像DNA一样存在于路易威登的品牌内涵中并影响着它的价值体系。

在宫廷文化方面，路易威登将它解析为三个组成部分：其一，礼仪和盛会体现奢华富足；其二，体贴的定制服务体现精致的品位和对个性的尊崇；最后，保护艺术体现文化素养和宽容开放的思想。路易威登在法式宫廷的奢华格调上选择了古典主义的审美趣味，最能代表品牌价值的当属广告人物形象，路易威登的理想形象无论男女均展现出一种国王般的威仪。华丽厚重且戏剧感强烈的视觉风格是典型的巴洛克格调，也正是多年来路易威登所贯彻的品牌性格。

遵照古典巴洛克风格的标准，路易威登专卖店也追求豪华大气、金碧辉煌的视觉效果，每一个门店的橱窗陈列都是大手笔。除了最直接的感官体验，路易威登推崇的奢华体验还包括尊贵服务。路易威登将早期对王室成员的服务方式用于现代客户，发展出定制服务、烫印与绘画服务和终身维修保养等项目。既然艺术保护也是宫廷文化的重要内涵，路易威登一直在品牌文化中不遗余力地加强艺术分量。路易威登希望顾客把旗舰店视为当代艺术馆。

路易威登承载着17世纪的宫廷文化，并从感官体验和贴身服务等方面加以强化，极大地满足了现代人渴望被尊崇的心理和对曾经辉煌时代的怀旧情结。

2. 作坊匠心文化

路易·威登创业后虽然扩大生产规模，但在工人培训管理上依然保留了师徒传承的一些作坊式做法。所以在他们手里，每一个产品都经过精雕细琢。随着技术的纯熟，产品的制作更加精细，内部结构更加复杂。至此，路易威登的箱包更像一件实用性极强的精密仪器，它的工艺已经有了严谨理性的科学探索的意味，而不仅是简单的技术操作。奢侈品无论在制造还是销售过程，对细节的苛求几乎都到了疯狂的程度，放大对细节的推崇同样是奢侈品营销的着力点之一。对细节的追求最好地契合了奢侈品享用者购买奢侈品的心理动机。在这方面，路易威登着重渲染制作中选料和工艺的细节。

路易威登传统的品牌理念就是用料考究、做工精细。他们选用法国和德国的牛皮，每个皮包都用一块完整的皮子做成。除了选料精细，路易威登的上乘质量来自于一丝不苟的制作过程。坚持手工缝制的传统生产方式，规定了每道工序限时制，保证每道工序都有规定的制作时间不得缩短，产品制作时间比其他厂高出30%。

3. 旅行探险文化

路易威登产生在欧洲旅行风尚兴起的时代。一百多年来旅行一直是被人们高度热衷的消费和生活方式。作为旅行用品的品牌，旅行必然是路易威登推广策略中重要的一张文化牌。

路易威登根据目标客户把品牌文化中的旅行定位为两种：一是纯粹、闲适的身心放松，包括商务旅行中片刻闲适；另一种是自我挑战的冒险。针对这两种不同性格的旅行文化，路易威登采取了不同的策略。

不仅如此，路易威登第二代接班人乔治·威登亲自撰写了一本关于行李箱历史的书——《从古到今的旅行》。此外，路易威登每年都会出版一套"旅行指南"，内含30个欧洲城市的旅行资讯和主要景点。

4. 精致的都市文化

1998年，路易威登邀请时尚界的顽童马克·雅各布斯（Marc Jacobs）掌舵。年轻的雅各布斯是来自纽约的设计师，他研究了路易威登的历史，随后在尊重历史的基础上开发了一系列具有现代气息的独特设计。雅各布斯的设计理念以实用为主，他认为时装要能够让人穿出门才是最实际的，注重设计细节，揉合个人的独特眼光，衍生出出众的女性魅力风格。经典的行李箱、鲜艳创新的提包，沿袭了路易威登的高贵精神和品质，但在雅各布斯的巧妙装扮下却为路易威登换上了新的表情，更贴近大众的生活。

雅各布斯对路易威登的改造主要在两个方面。一方面扩大产品线：除了原有旅行箱包，还开发了生活包，增加了服装、配饰系列，把路易威登构建成一个完整的时尚体系。更重要的是改造产品风格：雅各布斯在保留经典设计的基础上，派生出崭新的产品风格。大量运用波普艺术、结构艺术等大众艺术，设计出一系列具有实验意味的新路易威登产品。目的在于吸引更多崇尚自我的年轻消费群。从市场反应来看，雅各布斯成功地在路易威登的传统文化中加入了年轻时尚的元素。

● 所向披靡的跨界合作

1. 2012 草间弥生

2012年，路易威登携手在日本被称为"波点太后"的草间弥生，她以没有起点和终点的原点图案为路易威登打造了一个永恒之爱的梦境，随着草间弥生式圆点的活灵活现，图案泛起涟漪，把人带入一个频闪的美妙世界。

2. 2001 & 2009 Stephen Sprouse

Stephen Sprouse（1953~2004）既是时尚设计师，又是了不起的艺术家，他的霓虹涂鸦和印花等街头装扮创造了一种20世纪80年代和90年代独有的时尚。2009年，Marc Jacobs又推出了Stephen Sprouse的纪念系列，并亲身上阵出演大尺度广告，让放大的涂鸦纹样遍及全身。有别于2001年的中性配色手袋，新作字母涂鸦以荧光桃红、草绿和橙色绘在品牌最热卖的Keepall、Speedy和Neverfull这三款手袋上，更献上Sprouse巅峰时期的抽象玫瑰花图案，既保留了两人初次合作的轮廓，又为20世纪80年代纽约街头艺术唱出一首赞歌。

3. 2008 川久保玲

2008年，路易威登邀请日本时装设计师川久保玲，为庆祝路易威登进军日本30载，设计了限量版Louis Vuitton × COMME des GARCONS系列，为了隆重其事，路易威登更在日本的川久保玲专门店内开设了一个暂时性的路易威登售卖点。

4. 2008 Richard Prince

Richard Prince的作品充满玩味、解构和情色意味，也正是这种荒诞不经吸引了同样顽童的小马哥，开启了他们的合作之路。2008年，路易威登又携手当代艺术家Richard Prince合作推出了"俏护士系列"，Marc Jacobs从这位艺术家的作品中撷取灵感，重新演绎出充满解构意味的层叠薄纱珠片衣裙和色彩浓烈的配饰。

5. 2003 村上隆

2003年，路易威登与日本艺术家村上隆合作Monogram Multicolore系列，他的"熊猫""樱花"图案登上了路易威登最经典的皮包，一度掀起全球抢购热潮。

6.经典与经典颠覆者：致敬 Monogram

1896 年，路易·威登的儿子乔治·威登设计了 Monogram（字母组合）以纪念先父，经典从此诞生。这个图案跨越时间长河，某些特征和含义至今未变。路易威登模糊了手工工艺、艺术和设计之间的界限，在 Monogram 的历史中不断诠释着创新、协作和大胆的概念。正是在这一背景下，路易威登在 2014 年发起了"经典与经典颠覆者：致敬 Monogram"的项目。路易威登找来包括 Karl Lagerfeld、Christian Louboutin、Marc Newson、川久保玲等在内的 6 位设计师，以他们本人的个性，用路易威登标志性的图案制作了 6 种不同的包包和旅行箱等。这个作品系列展现了 Monogram 个性鲜明的一面，并以非同一般和个性化的独特方式重新呈现我们自认为司空见惯的东西。6 位在各自领域都具有顶尖水平的创意大师模糊了时尚、艺术、建筑与设计产品之间的界限，他们被赋予全权的自由，可以制作任何他们认为适合品牌帆布图案的作品。

● 毁誉参半的 Louis Vuitton × Supreme

2016 年是各大服饰品牌联名大爆发的一年，在那之前联名似乎仅限于在里原宿系潮牌间流行，之后被日美潮牌发扬光大。而年末路易威登携手 Supreme 带来的"世纪联名"几乎抢走了当时所有品牌的风头，为 2017 年联名大潮打响了第一炮，也预示着这个风潮将会愈演愈烈。2016 年年末，全世界时尚人士的注意力都集中在了巴黎，伴随路易威登 2017 秋冬男装系列的发布，传闻已久同时备受议论和期待的 Louis Vuitton × Supreme 联名企划的神秘面纱也正式被揭开，该系列被称为 21 世纪奢侈时尚界最高级别的联名。与去年 Louis Vuitton × fragment design 联名系列相比，Louis Vuitton × Supreme 合作企划的品类更加多元丰富，前者在发售之日引来了近 4500 人排队等待，后者则几乎要用"万人空巷"来形容了。

路易威登携手 Supreme 的联名系列曝光之后，果然在时尚圈、社交媒体、潮人圈炸开了锅。只不过这爆炸的声浪，却是毁誉参半。有人觉得这是时尚界与街头"里程碑式的合作",也有人觉得 Supreme 抛弃了品牌文化,成了时尚的"走狗",争论声到现在还没有结束。究其原因,则是源自 Superme 的品牌文化和消费群体,以及与之相关的路易威登的真实企图。

1. 宗教般存在的 Supreme

Supreme 在官网介绍品牌时的第一句话是:"1994 年 4 月,Supreme 成为了纽约滑板手和滑板文化爱好者的家。"Supreme 的本义是最高的、至上的,20 多年后的今天,Supreme 已逐渐成为街头文化的象征性品牌,其地位无可撼动,它的每一季新品发布都像苹果新 iPhone 发布一样,购买者排着长长的队伍。

James Jebbia 在 1994 年创办了 Supreme,正好那时街头文化兴起。James Jebbia 的 Supreme 产品以纽约刚刚兴起的滑板运动为主轴,吸引了不少城中有名的滑板好手和街头艺术家聚集到 Supreme 的店面。渐渐地 Surpeme 成为了代表纽约街头文化,特别是滑板文化的街头潮流品牌。现在的年轻人热爱消费但也追求叛逆,总爱抱着一种反商业的态度去购物,Supreme 的品牌理念刚好契合了这种需求。

Supreme 的经典 Box Logo 灵感来源于 1990 年的美国著名艺术家 Barbara Kruger 的作品,字体使用的是 Futura Heavy Oblique。经典的设计使得 Supreme 非常醒目并且容易被记住。如今,Supreme 带有 Box Logo 的单品往往总是卖得最好的,充满街头味道的设计广受追捧,甚至很多明星也是 Supreme 的忠实粉丝。

Supreme 非常注重与大牌跨界合作,总能与一些意想不到的品牌或者人物联名推出单品,引起一大片消费者的追捧。例如,Supreme 每年都会和 Vans、The North Face、Timberland、Levi's、Nike 等大牌合作推出单品,而且基本都能大卖。

Supreme 已从 T 恤和卫衣扩展到一条完整的运动服饰线和时尚生活体验。Supreme 的成功,绝不仅仅是一个时代和文化的成果,而是创始人

James Jebbia 对品牌包装整体把控能力的一种体现。也就是说，在创造一个成功有发展的品牌之初，他完美融合了当下的街头潮流文化和叛逆潮流人群。他的理念与坚持，更构成了其品牌的独特性和可延续性，形成了一个现象级街头潮流品牌。

截至目前，Supreme 在中国没有一家品牌实体店铺，甚至也没有一家官方直营的品牌网店，但在中国越来越多喜欢街头潮流品牌的年轻人中，引起了巨大反响和抢购。近年来，Supreme 品牌认知度在国内大幅度提升，受到了消费者的极力追捧，甚至是信仰，当然你也可以认为是中国消费者最爱跟风这个特性。

显然，Supreme 是街头潮牌里冠军级别的选手，在街头风爱好者的消费层次里，它几乎是宗教一样的存在。

2. 拥趸对联名系列的抨击

Supreme 曾经在 2000 年因未经路易威登许可将其商标印刷在滑板上而收到路易威登的禁止函，所以路易威登理所当然地成为了粉丝们的"眼中钉"，可是曾经闹别扭的双方如今走到了一起，这是 Supreme 粉丝们无论如何也想不到的。不过品牌与大牌频繁合作的现实也说明，Supreme 等街头品牌的影响力已经发生了很大的变化，时装和街头界限也越来越模糊。

2017 年两个品牌正式联名招来的是 Supreme 粉丝的强烈抨击，甚至有粉丝认为这是一次背叛——"Supreme 这么做是为了巩固自己在时尚界的位置，但这样非常愚蠢。"他们觉得 Supreme 和路易威登一起推出奢侈品联名只是为了中饱私囊，没有顾及品牌的传统和粉丝们的感受。有一位三十岁左右的滑手说："Supreme 创立之初的核心文化便是对时尚不屑一顾，可是现在 Supreme 却成了时尚界的一员。"

在过去的 23 年里，Supreme 一直在塑造硬核、高冷却纯正的街头精神，即坚决抵制一股脑被时尚圈所消费。同时，路易威登高昂的定价也是引起粉丝们不满的原因之一。据传闻，双方合作的滑板箱及滑板套装预计发售价为 54500 美元。虽然个别 Supreme 单品被炒到天价不是新闻，可是连发售价都这样吓人，让死忠们觉得 Supreme 联合路易威登一起抛弃了自己，心中有恨也是理所当然的。

所以，不难理解为什么大部分滑板手对 Supreme 与路易威登的合作如此失望，另一位三十多岁的滑板手说："他们代表了最差劲的街头文化，当你走进他们的店铺中，没人会好好待你。"

对于粉丝们的批评，惯于打破品牌文化的 Supreme 给死忠们一个交代是非常有必要的，因此 Supreme 方面发表声明："纵观品牌历史，消费者对我们发布意想不到的产品产生忧虑是很正常的，但是我们不会忘记，我们来自街头。"同时，Supreme 虽然一再强调自己是滑板以及滑板文化爱好者的家，但是终究还是一个商业品牌。一个品牌如果想要发展，盈利是不可或缺的，跨界联名不失为一条盈利的康庄大道。

3. 路易威登最有价值的橄榄枝

联名系列的单品几乎承包了路易威登当季最重头的看点。市场反映恰好印证了以路易威登为代表的奢侈品牌越来越清晰的一个认知：如何把高级成衣系列卖给更多的人？答案是：街头。奢侈品牌开始想明白，为什么一个街头品牌可以每周发售新品都大排长龙，而自己则是打折时候才能出现排队的场面。

现在奢侈品的年轻消费者将通过生活中美好的事物和经历弄清楚他们是谁，越来越多的消费者会寻求更有个性的产品。Marc Jacobs 任职路易威登创意总监期间，迅速意识到街头文化将是时尚界的一大支撑，而其继任者 Nicolas Ghesquiere 也早早意识到这一趋势，2007 年他还在担任巴黎世家（Balenciaga）的创意总监时，便提出将街头服饰与高级时装融合。他在接受《纽约时报》采访时曾表示，街头服饰并不一定是随性的，也可以是奢华的，在过去几年里，他在秀场上反复试验，市场也证明了他这个想法的正确性。

有分析人士表示，虽然路易威登在知名度上高出 Supreme 好几个量级，但受益最大的应该是路易威登，现在它打开了年轻人世界的大门，赢得了无数的关注和曝光，路易威登的目的是与 Supreme 共同创造适合千禧一代口味的产品，激活年轻人的市场，而 Supreme 得到的是被认可。至于本次合作会不会引领一个新时代，有分析人士表示，在接下来的一段时间内应该不太会出现更多奢侈品牌和街头品牌的跨界合作，因为奢侈品牌有很多，但是能做到 Supreme 这样火的街头品牌实在太少了。

三、Stella McCartney

● 品牌历史

Stella McCartney 是设计师斯特拉·麦卡特尼（Stella McCartney）的同名设计师品牌。2001 年，Stella McCartney 与开云（Kering）集团合作成立了一家控股各 50% 的合资公司，用自己的名字创办了同名品牌时装店。同年 10 月，她在巴黎展示了自己的首个同名品牌时装系列，产品包括女装成衣、配饰、内衣、眼镜、香水以及童装。

目前 Stella McCartney 在曼哈顿、伦敦、洛杉矶、巴黎、米兰、东京、上海和北京等地设有 40 余间独立精品店。同时，品牌的系列产品通过专卖店和高级百货公司等 800 多个代理商销往 70 多个国家，还通过在线邮购的方式销往 100 多个国家。

2003 年，Stella McCartney 成功推出了她的首款香水"Stella"。除了主线时装系列之外，她还在 2004 年 9 月开始与 Adidas 展开了长期合作。

2008 年正式推出的全新内衣系列拥有令人梦寐以求的款式，满足现代女性的需求。2010 年冬季，Stella McCartney 隆重推出 Falabella 手袋，别具特色的编织链细节令其卓尔不群，一直保持畅销。同样在 2010 年，首个 Stella McCartney 童装系列隆重登台，该系列款式时髦，准确诠释出现代儿童的精神，童装适合人群包括从新生婴儿到 14 岁的少年男女。

2011 年，Stella McCartney 出品的所有太阳眼镜系列都遵循了设计师的环保理念，并逐渐运用到光学眼镜与儿童眼镜系列中。

对品牌而言，2016 年是成绩斐然的一年。3 月，品牌推出了全新香氛 POP，代表着无畏、不羁的新一代女性。随后，品牌揭晓了首个全套泳装系列，灵感源自女性宛若天成的自信与柔美，在兼顾功能性与造型的前提下，赋予该系列独特的现代设计感。2017 年，推出了同名品牌下的首个男装系列。

Stella McCartney 致力于推动可持续发展，这一点贯穿于她所有的产品系列，同时也是 Stella McCartney 品牌精神的一部分，即成为一家富有责任感、诚实守信的现代化公司。

Stella McCartney 的服装给人一种硬派的感觉。无论是腰身设计，还是衣服的整体质感，都是为忙碌的女性量身设计。她们有工作、有孩子，她们的衣服与工作是融为一体的，充满力量，同时也很有女人味。融合了复古和摇滚的特异风格，使 Stella McCartney 成为各地有性格的时尚女性的最爱。Stella McCartney 终身致力于推广素食主义，因此品牌在设计中拒绝使用任何皮革和皮草材质，并将"可持续发展"确定为品牌文化内核之一。

● 创始人

Stella McCartney 是一位充满争议的天才明星设计师，前披头士乐队成员 Paul McCartney 和著名摄影师 Linda McCartney 的爱女。

Stella McCartney 1971 年 9 月 13 日出生于英国伦敦，自幼受到摇滚乐熏陶。15 岁时，来到法国名师 Christian Lacroix 门下学艺。之后，她用了约一年的时间，在著名的 Joseph 百货公司的公关工作中获取经验，同时也为鼎鼎大名的时尚杂志 *Vogue* 工作。1995 年毕业于伦敦著名学府——圣马丁学院。刚刚走出校门的 Stella 以学生设计师的身份踏入时装界。1997 年，在连续两季成功发布了自己的服装系列之后，年仅 24 岁的 Stella 竟然从法国时装名师 Karl Lagerfeld 的手中抢到金饭碗，一跃成为法国高级时装品牌 Chloe 的首席设计师，为 Chloe 日后的蓬勃发展注入了新鲜活力。在任期内，Chloe 除了保留原有自信、成熟的风格之外，还融入了飞鹰、虎头和花花公子兔头等复古、摇滚的元素，获得前所未有的成功。2000 年，Stella McCartney 获得了 VH1/ Vogue Fashion and Music 的年度设计师大奖。

受 Gucci 集团垂青，Stella McCartney 于 2001 年 4 月辞去了 Chloe 品牌的首席设计师职位，在 Gucci 集团旗下创立了自己的 Stella McCartney 品牌；10 月，在巴黎时装展中正式推出自己品牌首个设计系列的 Stella，将维多利亚风融入伦敦街头，把摇滚元素融入女性化的设计，十分有个性。

2004 年 6 月，Stella McCartney 在伦敦获得了 Glamour 最佳年度设计师大奖。2012 年的伦敦奥林匹克夏季运动会上，Stella McCartney 被 Adidas 委任为英国国家队队服设计的创意总监——这是奥运会历史上第一次由顶级时装设计师为奥运国家队和残奥会所有项目运动员设计比赛服。2016 年，Stella McCartney 再次被 Adidas 指定为 2016 里约热内卢夏季奥运会英国国家队队服的创意总监。

Stella McCartney 是继 John Galliano 和 Alexander McQueen 之后，最引人注目的、年轻的英伦时尚新人类的代表人物。她在 Fashion 国际集团星光之夜上获得了星光大奖。

● 才华与创新的跨界尝试

1. Adidas by Stella McCartney

Adidas by Stella McCartney 是高级时装和运动服饰合作的结晶。2004 年 9 月，Adidas 与 Stella McCartney 在纽约宣布成为长期合作伙伴，推出以她名字命名的女子运动产品系列：Adidas by Stella McCartney，设计高性能女性运动服系列。2005 年 2 月起，这一致力于为女性提供独特而专业的运动产品系列在全球上市，包括跑步、健身、瑜伽、冬季运动、自行车、网球、游泳，甚至冲浪等多种专业运动装及相关搭配的外衣等。McCartney 将个人简约且具结构细节的美学，带入了专业运动服装之中。面对年轻女孩的 StellaSport 系列，主打活力装 + 休闲运动装，色彩明丽、图案花俏，广受好评。

这种全面的合作关系开创了同类合作的先河，也发展壮大了 Stella McCartney 品牌的整个家族，包括 Stella McCartney 内衣系列、童装系列和高级成衣系列。除了具有特定的运动功能之外，Adidas by Stella McCartney 系列跟其他系列一样，都坚守品牌秉持的道德准则，它是 Adidas 公司 Better Place Program 计划的一部分。该系列运动服饰造型优美、线条简洁、剪裁贴身，凸显出女性特别的气质，而这也正是 Stella McCartney 品牌广为人知、颇受喜爱的特点。

2. 拥抱科技推动环保时尚

2017 年 7 月，Stella McCartney 宣布与美国生物技术初创公司 Bolt Threads 合作，双方将共同致力于推进环保时尚创新，共同研发下一代尖端纺织品。

创立于 2009 年，坐落于湾区，Bolt Threads 使用在自然界中发现的蛋白质，开发更清洁、使用环保化学工艺和闭合生产的纤维。Bolt Threads 能人工重现昆虫和蜘蛛的产丝过程，并以此生产高性能的丝绸，比如，可机洗，或比传统丝绸使用寿命更长。早在 2016 年，公司就与户外运动品牌 Patagonia 达成环保材料开发合作关系。

Stella McCartney 本人表示，此次合作将自己对可持续材料的不懈追求和 Bolt Threads 在工业生物技术的专利相结合，可以"改变未来服装生产，甚至整个时尚行业"。Stella McCartney 还说："无论从个人还是专业角度来看，与 Bolt Threads 合作都让人兴奋不已，就像是所有事情都聚到了一起，这些交汇点连接着时尚、环保和科技创新。这是我一生所求，终于有机会将这些行业相结合，共同创造一个更好的星球。"

过去十年，时尚行业并不注重面料创新，反而极其依赖不利于环境的石油化工产品。通过本次合作，双方能共同为奢侈品行业开发无伤害性、对素食者友善的环保面料。Bolt Threads 联合创始人兼 CEO Dan Widmaier 表示："从我们创立 Bolt Threads 的第一天起，就想要与 Stella McCartney 合作。不仅因为她有无双的审美，更重要的是她对环保时尚的珍重和探索，与我们对未来时尚的愿景一致。"

3. Stella McCartney for Gap Kids

Stella McCartney 为 Gap 设计的联名童装系列 Stella McCartney for Gap Kids 于 2016 年 11 月上市，包括了幼童及婴儿两个系列，尺码从新生儿到 12 岁的孩子，价格从 14 英镑到 128 英镑。这个联名系列的推出非常成功，就连法国第一夫人 Carla Bruni 都忍不住爱上了这个系列。两个品牌的合作延续了几个年度，产品也越来越丰富。联名系列的大获成功，直接促使自家品牌推出了童装系列 Stella McCartney Kids，设计上延续了其一贯的简约实穿风格。

4. 与生活时尚网站 Goop 的合作

2008 年，好莱坞巨星格温妮丝·帕特洛（Gwyneth Paltrow）推出个人生活时尚网站 Goop.com。作为格温妮丝的好友，Stella McCartney 与之展开合作是水到渠成的事。2013 年，两人合作推出了一个结合蕾丝黑色外套、针织连身裤、黑色牛仔裤和黑色羊毛裤的系列。这个系列完美融合了 Gwyneth Paltrow 的风格和 Stella McCartney 的美学设计。"我们是相辅相成的。"Gwyneth Paltrow 说。显然这次合作充满了对彼此的爱慕和灵魂的交融，Gwyneth Paltrow 说："当你最好的朋友之一是一个非常成功的艺术家，你欣赏她的工作，想要支持她。我有 Goop 这个动机，问她是否愿意和我合作。在我之前她从来没有做过一个这样的合作，她是最疯狂的惊人的设计师。"Gwyneth Paltrow 认为自己是策划者而不是设计师。

Stella McCartney 的 Beckett 手袋，起价为 795 美元，只在 Goop 才能买到。

● 信息来源

[1] 百度百科：路易威登词条

[2] 百度文库：浅析路易威登(Louis Vuitton)的品牌文化

[3] LADYMAX：LV × Supreme 系列正式发布，为什么 Supreme 会那么火？（作者：陈舒，黄大大）

[4] 搜狐：真滑手都觉得 Supreme 与 LV 联名是背叛

[5] 互动百科：Stella McCartney

[6] Stella McCartney 官方网站：www.stellamccartney.cn

[7] 中国服装网：设计师品牌 Stella McCartney 与 Bolt Threads 合作推环保

● 读者思考

（1）设计师品牌的跨界合作有什么特殊性？

（2）跨界合作的产品如何对应消费者的需求？

（3）跨界合作的产品如何进行宣传和推广？路易威登的品牌文化适合与哪些类别的品牌跨界合作？

（4）Superme 的联名系列招致的非议给奢侈品牌的启示是什么？

（5）不同品牌文化的合作应注意什么问题？

第三章

渠道

——品牌服装企业渠道管理经典案例

第一节　渠道为王，占领高点

一、理论导读

渠道为王的提出有其特定的历史背景，是在国内企业与国际品牌的非对称竞争背景下提出的一种独特战略。国际品牌在营销传播上的资源投入之巨，往往是本土品牌望尘莫及的，进而也成功地完成了对消费者心智资源的抢占，再加上其悠久的历史背景、规模性的优势控制行业话语权、中国消费者固有的崇洋购买心态，优势就不用说了。本土企业要生存，在面临国企和外企夹击之时，不得不也必然要选择游击战的方式面敌。而这场游击战的战场，就在渠道上。如果说品牌传播的作用是打动你的心，一副高端范儿，打的是以情动人的牌，那么终端的作用就是切实把产品交到您老人家手上，干的是踏实的苦力活，绝无什么虚招花架子可言。而这也就是本土品牌的战场和空间，以渠道力托起品牌，以渠道力支撑品牌，以渠道力打造品牌。渠道为王的战略，是一个时代夹缝中的营销战略。

中国的渠道形态变化非常之快，新兴的渠道形式也正在源源不断地涌现。当然，这也是中国市场的可爱之处，非对称的不只是国内企业和国际品牌，渠道信息和布局的非对称性也造就了遍地的机会，太多太多的小企业利用时间和空间的空当成就了自己阶段性的战术辉煌，而当真正的战略性企业开始发力时，这些所谓的在大市场里的"小经销"和"小终端"，自然就成为了争夺的前线。

二、拉夏贝尔（La Chapelle）

（一）品牌简介

拉夏贝尔品牌始创于1998年，是来自上海的经典之作，主要从事服装自主设计与研发、外包生产、品牌推广和直营销售，是东方审美情趣与西方时尚文化的完美结合。拉夏贝尔一直追求强调个性化的设计，是将设计渗透人文文化的时尚品牌，设计和销售适合都市女性的流行时装和饰品，将法国浪漫、时尚、优雅的服饰文化引入到中国人的生活中。拉夏贝尔的少淑品牌，主要针对25～35岁都市办公室女性设计，线条简洁，优雅精致。拉夏贝尔运动休闲品牌，主要针对20～30岁都市女性，符合新一代女性追求浪漫、甜美和时尚运动的目标。

（二）渠道策略

- 扩大直营网点

拉夏贝尔主要采取全直营的销售模式，直接控制和经营所有销售网络。零售网点的数目也由2017年年底的9448个增至2018年6月30日的9674个。直营网点由公司总部直接经营、投资、管理各个零售门店。总部采取纵深式的管理方式，直接下令掌管所有的零售门店，零售门店也必须完全接受总部指挥。

- 多品牌运作模式

众多企业均采取了多品牌运作模式，以降低单一品牌运作风险，覆盖不同的细分市场。所有的品牌架构均涵盖了女装、男装及童装市场。尽管早年主要运作旗下La Chapelle和Puella这两个女装品牌，但自2010年上半年获得多轮风险资金后，拉夏贝尔显然加大了多品牌开发的力度。其先后推出了7.Modifier和La Babite女装品牌，Vougeek、POTE等男装品牌，以及La Chapelle Kids童装品牌。同时，还推出了全产品覆盖的快时尚品牌Ulife

Style。为了进一步丰富品牌线，在 2015 年上半年，拉夏贝尔还收购了电商品牌七格格和克沃克男装品牌。

● 开设大型的集合店

在品牌发展早期，拉夏贝尔以开设小型店铺为主。但在 2007 年获得了风险投资后，便加速其开店的步伐，并在 2008 年改变了之前开设小店的策略，转战 Shopping Mall，开设大店、集合店是拉夏贝尔渠道转型的关键点，也成就了拉夏贝尔今天的行业地位。

如今，百货公司已变成一个很高贵的地方，就像日本的百货公司，大部分是成熟年龄段人群在消费，所以未来的方向是 Shopping Mall，现场环境舒适、宽敞，租期长且租金稳定，使其将会在中国大量推广。因此，拉夏贝尔调整了开店的策略，并对店铺进行调整，对品牌定位进行了重塑后，开设大型的集合店最终实现了"1+1>2"的效果。

● 立足 B2C，转型 O2O

中国多品牌时尚集团拉夏贝尔的天猫官方旗舰店正式开业，预示着其立足 B2C，布局 O2O，实现全渠道无缝销售闭环的战略转型。拉夏贝尔从长期战略角度考虑，在优化第三方平台商 B2C 业务的同时，将立足于现有优势和业务现状，逐步调整战略和业务体系，最终实现从 B2C 到 O2O 的大转变，树立企业长期竞争力和获得发展空间，从本质上提升传统品牌企业的运营效率、规模空间和估值水平。

消费者在官方旗舰店购物，可获得拉夏贝尔会员资格，将来可享受到多重会员专享礼遇。而在线支付为都市时尚男女在快节奏的生活状态下选购高品质的拉夏贝尔服装提供了超高便捷性和安全性。

拉夏贝尔自有超大规模的物流基地，并与国内知名物流品牌合作，对商品配送时间、配送过程、配送包装、配送效率等工作严格把控。除了物流基地配送商品外，根据消费者的订单信息，离收货地点最近的拉夏贝尔门店也能发货，提供更快捷的配送服务。

- 采取合伙人制度

拉夏贝尔店铺业绩持续增长的重要驱动力，就是对店铺人员采取合伙人制度，合伙人可根据店铺业绩参与分享企业经营成果。这种合伙人制度的设计与原来传统的考核模式比较，两者对原有人员的激励和薪酬差距形成鲜明的对比。

传统服装企业的店铺考核，员工报酬计算主要由两部分构成：固定工资及佣金(也就是所谓的提成)。这种激励形式在短期内可以促进人员的效率，但很容易形成激励的天花板，在达到一定效果后，很难继续发挥激励效用。

目前，拉夏贝尔采用多种与经营成果挂钩的形式。根据店铺往年销售情况，设定店铺整体薪酬回报，按照占店铺销售额的比重，店长和店员共同分享店铺所得薪金总额。

（三）品牌现状

- 释放新兴品牌潜力，优化门店区域布局

在国内品牌服饰增长放缓的大背景下，2017年La Chapelle、Puella等成熟品牌存量店铺增速放缓，拉夏贝尔急需优化现有门店，调整店销欠佳门店，发掘优质门店，提升渠道质量。同时，JACK WALK、POTE、8éM等品牌快速发展成为拉夏贝尔销售收入增长的重要推动因素，但目前门店数量仍然较少。随着门店的扩建，拉夏贝尔新兴品牌潜力将被逐步释放，或有可能成为其强力的业绩增长点。

在整合线下销售方面，拉夏贝尔将实现资源升级，主要通过整合改善部分盈利能力较弱的店面，增加盈利能力较强或更具增长潜力的门店数量，全方位提升线下门店的运营能力，提高单店效益，优化公司各品牌的门店结构。未来仍将加大购物中心渠道的拓展力度，并调整城市布局，将下沉至二、三、四线城市，进一步挖掘市场空间。截至2018年9月30日，拉夏贝尔已拥有零售网点9625个，基本均为直营门店。

目前，拉夏贝尔已拥有 La Chapelle、Puella、Candie's、7. Modifier 及 La Babité 等多个风格互补、客群定位交织延展的大众时尚女装品牌，并推出了 POTE、JACK WALK 等大众时尚男装品牌及 8éM 童装品牌。

作为客户群体广泛的综合时尚集团，合理更迭成熟品牌门店以保证门店经营效率，并为具有潜力的品牌提供充足的发展资源，已经成为其未来几年保持业绩稳健增长的重要因素。

● 提升零售终端形象，智慧增强消费者门店体验

随着我国收入水平的逐渐提高，人们的消费观念也在进一步发生变化，从满足日常需求到追求改善和提高生活质量。消费观念的转变进一步促进了消费结构的升级，反映在服装产品上，也带来对优质的品牌形象和良好的购物体验的要求。而店铺作为陈列产品、培育品牌、提升消费者体验的重要场所，也是拉夏贝尔的重头戏。

拉夏贝尔表示将改善装修设计老旧店面，升级部分现有专柜和专卖店，优化产品陈列效果，全方位迭代和提升其零售终端的店铺形象和运营能力。同时，拉夏贝尔还将通过零售终端的升级换代来构建各子品牌全新的形象，提升其品牌价值，并获得品牌溢价。

除了更个性化的品牌宣传和更人性化的场地装修外，拉夏贝尔还在尝试借助智慧门店服务系统，为客户提供更加便捷舒适的购物体验。毕竟，伴随着我国居民收入的提高和消费观念、习惯的变化，消费者在实体门店进行产品选购时，对购物环境和产品体验的需求不断增加。智慧门店将配备一些职能设备，在检测出消费者的试衣偏好和尺寸偏好后给出搭配建议，并将顾客的试衣情况传输到店员的手持设备中，方便店员进一步跟进客户的需求。此外，本次信息化升级还将完善会员信息系统，在经过会员授权后拉夏贝尔能够利用信息采集设备，更好地了解到消费者当次和往次的商品偏好和购物行为偏好，配合顾客的购买记录等其他信息，向客户提供更有针对性的推荐。

● 线上渠道收回自营，拟拓展利润空间

拉夏贝尔通过线下零售网点和线上运营平台直接向零售客户销售产品，所有零售网点均由公司直接控制及经营。在线下渠道业绩低迷的态势下，拉夏贝尔加注线上布局、强化在线销售渠道也就变得可以理解。拉夏贝尔将线上业务的经营权掌握在自己手里，将进一步拓展利润空间，有助于集中精力于线上业务，提升整体业绩，这也是完善其全渠道销售体系目标的重要一步。

三、卡宾（Cabbeen）

（一）品牌简介

Cabbeen 品牌 1997 年由其现任艺术总监卡宾先生在香港创立，目前已发展成为中国规模最大、最具时尚号召力的设计师品牌之一。Cabbeen 专为激情个性的生活态度所设计。颠覆流行是 Cabbeen 的设计哲学。设计师将早年从事拳击、赛车等运动生涯的独特经历融入服装设计之中，逐步形成独树一帜的 Cabbeen 风格。

Cabbeen 秉承创新的理念，突出男装个性需求，将突破与传统融合在一起，非常规的设计思维，夸张的细节和精致的工艺结合，阳刚的气质和儒雅的风度并存，是 Cabbeen 个性设计追求的精髓所在。

Cabbeen Love 作为新兴童装品牌，其核心竞争力依赖于 Cabbeen 20 多年来积累的强大 VIP 客群。这群忠实客户主要是 85~95 后，他们正跨入育儿生力军的队伍中，同时双生子女的家庭生活也成为千禧一代的追求。这个新的子品牌于 2018 年诞生，依托母公司 Cabbeen 快速进入大众视野。

（二）品牌文化

颠覆流行是 Cabbeen 的设计哲学，也是 Cabbeen 十几年来诠释和演绎的核心价值。坚持中国设计师原创品牌道路，坚持体验式的发布会，引导中国消费者着装理念的流行文化，形成了 Cabbeen 个性的精神标识。矗立于超凡创意的基石之上,以先锋与传统融汇创新的多元化设计思维,辅以文化细节和精致工艺的艺术结合,成就了 Cabbeen 卓然出众的时尚品格。

(三)渠道策略

在营运效率方面,自 2015 年开始,卡宾的业务模式向批发、代销及零售混合转型,三方交替互补,2015 年全年卡宾有 377 间门店已经成功转向代销型。同时,卡宾还优化内部系统资源和存货设置以更快应对市况的变动。数据显示,2015 年卡宾集团毛利率上升至 46.2%,而 2014 年则为 42.1%。

另外,卡宾在上两年持续扩展零售网络,以渗透收入水平及人口有增长潜力的市场,开办品牌概念店以配合多品牌策略。与此同时,卡宾也在不断整合销售渠道,关闭经营不善的店铺,销售渠道架构专注于商场及中产人口不断增加的城市。

传统服装行业难以维持持续增长的最大一个原因是来自于近几年电商的强势发展,而卡宾在电商上积极拓展业务,力求把握网上消费市场的庞大机遇。自 2015 年 6 月起,卡宾停止了授权商网络分销业务,转为自营。2015 年卡宾在线业务获得 1.33 亿元收入,较 2014 年暴涨了约 190%。除了开设自营网站,卡宾在天猫、京东等主要第三方电商销售平台也设有旗舰店。

在设计方面,卡宾则认为尽管大环境在放缓,但年轻消费者对时尚的敏锐度却在不断提高,相对于其他定位模糊的服装企业,卡宾定位清晰的设计师品牌就凸显出了优势,而卡宾的部分发展也有赖于设计师品牌的定位,并且通过各种各样的产品主题,迎合追求时尚及产品特色的客户需求。

卡宾在 2015 年推出了"卡宾 33 号馆"的概念店,卡宾表示,该概念零销店铺在品牌知名度、市场定位及与消费者互动层面所提供的商业优势可为公司未来带来长远价值。

"消费者需要的不仅是服装本身。"卡宾如此说道,"因此卡宾在坚持原创、提升设计、优化消费体验方面做了大量工作,这为卡宾赢得了一批忠实的消费群体。"

(四) Cabbeen Love

● 瞄准国内中高端童装市场,延续 Cabbeen 品牌理念

市场的强烈需求和竞争是相生相伴的。品牌创始人卡宾先生表示,Cabbeen Love 童装正是瞄准了中国中高端童装市场的潜力,来匹配消费需求升级。"生命定会终止,唯爱永恒。"这是卡宾先生作为父母从孩子不同的成长阶段中所得出的领悟。Cabbeen Love 从 2017 年就开始酝酿策划,专为 3～12 岁的孩子定制,延续了 Cabbeen 一贯颠覆流行的理念,涵盖轻奢、街头、运动等不同风格的男女童装。除此之外,还有 Cabbeen Love IP 系列及亲子装产品。并且设计师每个季度都会去不同国家和城市找寻设计灵感。

● 打造全渠道社群营销模式,抢占中国童装市场份额

选择对的赛道非常重要,但如何打造品牌壁垒,快速提高品牌辨识度同样非常关键。至于如何突破重围抢占中国童装市场份额,这对于在国内服饰领域已有 20 多年丰富市场经验的 Cabbeen 来说并不困难,主要通过以下几点:

(1) 形成品牌辨识度。Cabbeen Love 的品牌核心文化是"大人潮,小童穿",通过在品牌设计上不断输出艺术创意,设计紧跟潮流趋势,为孩子们打造出现代、时髦的服装系列。向消费者传达品牌所具备的好奇心、创造力,轻松与消费者产生共鸣。

(2) 把控好产品基调和质量。童装的产品质量和用料是消费者最敏感的一环。除了严格遵守国家对于童装质检的标准,Cabbeen Love 提炼出市场差异,运用刺绣、贴绣等高端手工艺技术,选用柔软舒适的面料,把控产品的优质产出。

(3) 跨界合作方面,Cabbeen Love 接下来会与受欢迎程度高或知名的卡通形象联名合作,共同打造图案 IP 系列,同时携手跨领域艺术家开发有品

牌辨识度的原创主题图案系列。

（4）在营销上，品牌将通过打造全渠道的社群营销模式，贴近当下儿童的成长环境，满足儿童各个成长阶段的日常着装和不同的场景需求。主要通过多种渠道与消费者互动，包括微商城、社交电商平台、实体店等。建立"潮爸潮妈 Fan Club"，发展城市合伙人的营销模式。另外，Cabbeen Love 还将渠道相互整合，通过微信公众号、小红书、抖音等社群平台精准投放内容，更加深入了解消费者的需求，寻求品牌的认同感，从消费者出发再回到消费者中去，从而形成全方位的营销力量。

● 首店位于广州正佳，计划年底开设 30+ 独立门店

新品牌推出至今，目前已在全国一、二线城市快速布局 30 余家综合门店。而 Cabbeen Love 童装品牌也将首家线下独立店开在广州正佳广场，并以《爱丽丝梦游仙境》中的"梦游仙境"为设计主轴，结合"树洞时光隧道"的主题概念，打造了一个奇幻异想世界的独特空间体验。据了解，成都大悦城、武汉群光、厦门 SM 广场店、深圳华强北贸易、贵阳金阳国贸、广西柳州万象城等都已确定开设 Cabbeen Love 独立门店。Cabbeen Love 将以直营+代销的模式并行发展，预计还会在广东、广西、湖北、湖南、福建、四川开设 30+ 个独立门店。卡宾的 1000 家门店覆盖全国各省市，会选择多家重点商圈核心门店上架 Cabbeen Love 童装系列，同时也陆续加强与优质的社交及体验性较强的商业购物中心合作，提升品牌服务和价值。

● 坚持"有所变，有所不变"，集团今年上半年实现 5.58 亿元收入

作为成人服装旗下的童装品牌，Cabbeen Love 除了延续休闲品牌的经典风格，也在不断采取革新举措，积极应对挑战并着眼于未来服装零售行业的发展趋势。Cabbeen 多年来始终坚持多品牌营运创新，坚持"有所变，有所不变"的发展策略。不变的是坚持自我，坚持产品设计和质量的高要求；变的是快速应对市场发展变化，以及消费者不断变化的生活方式及消费模式。Cabbeen Love 童装品牌所属母公司 Cabbeen 最新财报显示，2018 年上

半年（截至 2018 年 8 月）实现 5.581 亿元收入，同比增幅 37.5%；净利润达 1.091 亿元，较 2017 年同期大涨 24.1%。预计 2018 年下半年的销售目标将实现与上半年同比幅度增长。对于 Cabbeen 集团来说，童装是一个归零的开始，是一个突破，以新的视角来展示品牌的多面性。Cabbeen Love 或将成为 Cabbeen 集团未来三年的主要发展品牌以及业绩的主要增长点。

● 信息来源

[1] 360 百科：拉夏贝尔词条

[2] 360 问答：为何说渠道为王

[3] 品牌服装网：拉夏贝尔 9 亿投放门店建设

[4] 百度文库：拉夏贝尔渠道管理分析

[5] 百度百科：Cabbeen 词条

[6] 赢商网：Cabbeen Love 瞄准中国中高端童装市场，打造全渠道社群营销

[7] 中国时尚品牌网：Cabbeen

● 读者思考

（1）拉夏贝尔的渠道优势体现在哪些方面？

（2）拉夏贝尔的渠道管理对其他企业有什么启示？

（3）Cabbeen 的渠道为王体现在哪些方面？

（4）Cabbeen 推出童装品牌 Cabbeen Love 的原因是什么？

第二节 渠道创新，资源整合

一、理论导读

渠道通常指水渠、沟渠，是水流的通道。但现被引入到商业领域，引申意为商品销售路线，是商品的流通路线，所指为厂家的商品通向一定的社会网络或代理商而卖向不同的区域，以达到销售的目的。故而渠道又称网络。渠道有长渠道与短渠道之分。渠道创新主要是指在短渠道上创新，废除传统的一、二、三级代理制，缩短到达客户的中间途径，甚至直接面对消费者，获取高额利润。

资源整合是优化配置的决策。就是根据企业的发展战略和市场需求对有关的资源进行重新配置，以突显企业的核心竞争力，并寻求资源配置与客户需求的最佳结合点。目的是要通过组织制度安排和管理运作协调来增强企业的竞争优势，提高客户服务水平。

二、NIKE（耐克）

（一）品牌简介

Nike 是全球著名的体育运动品牌，英文原意指希腊胜利女神，中文译为耐克。公司总部位于美国俄勒冈州 Beaverton。公司生产的体育用品包罗万象，例如服装、鞋类、运动器材等。

Nike 这个名字在西方人的眼中很是吉利，而且易读易记，能叫得很响。Nike 商标图案是个小钩子，象征着希腊胜利女神翅膀的羽毛，代表着速度，同时也代表着动感和轻柔。造型简洁有力，急如闪电，一看就让人想到使用 Nike 体育用品后所产生的速度和爆发力。

（二）品牌发展历史

● 20 世纪 70 年代

20 世纪 70 年代初，Nike 开始着手落实自行设计鞋子的构想，同时经过审慎地调查研究，发现市场需求足以支撑它建立自己的生产线。不过，最后还是决定先借助日本的生产经验，1972 年 Nike 与日本方面签定第一张合约，正式生产完全美国设计的 Nike 运动鞋。

随后的几年，日元持续升值，人力成本高涨，使得在日本生产鞋子的代价越来越高。此时，Nike 已累积了稳定的海外生产经验，便将触角伸至其他更多国家的生产厂商。

Nike 从低人力成本国家广辟代工厂商，在当时堪称是业界革命性的创举。Nike 深知鞋的生产必须注入密集的劳工，因而向海外寻求低人力成本的代工厂商势所难免，且毫无转圜。尽管如此，海外代工仍有它的风险性，因距离及不同国家的文化差异，致使品质管控的困难度提高。因此，Nike 在下大规模的订单给代工厂商时，往往要经过非常谨慎的评估过程，以确保成品能符合 Nike 的品质水准。

● 20 世纪 80 年代

20 世纪 80 年代初，Nike 大发利市，并持续扮演着美国运动鞋专业制造商的角色，却在美国本土未拥有任何一家自己的生产工厂。不久，头号竞争对手锐步 (Reebok) 以黑马姿态窜出，推出了设计新颖、势头强劲的运动鞋，成功瓜分了部分市场。到了 80 年代中期，锐步在激烈的竞争中，已能与 Nike 分庭抗礼。1987 年，锐步更上一层楼，以 9.91 亿美元的销售额，30% 的占有率，一举登上运动鞋市场盟主的宝座，Nike 则以 5.97 亿美元及 18% 的占有率落后。

Nike 与锐步的争霸战中，问题点与机会点完全在于目标市场与设计导向的变化。换言之，也就是年轻族群(青少年、年轻成人)所购买的已不光是运动鞋，还有鞋子所代表的时尚感。

为了反击锐步，Nike痛下决心投注了巨额经费在新产品的研发设计之中，最脍炙人口的经典产品是20世纪80年代末的"气体鞋"(Nike Air Shoes)。Nike气体鞋20世纪90年代初才正式上市，并获得了空前的成功。所以说，20世纪80年代是Nike面临困局与力图中兴的年代，这段时间，Nike在市场上蒙受了剧烈的竞争打击，也从中确立了未来新产品研发设计的策略主调。

● 20世纪90年代

Nike气体鞋上市的声势浩大，不惜重金以数百万美元礼聘NBA超级巨星迈克尔·乔丹(Michael Jordon)为产品代言人，从事各项行销广告活动，创下了有史以来运动用品赞助价码的新高，举世惊羡。广告诉求则以Nike气体鞋与乔丹的形象和几近神乎其技的篮球绝活捆绑在一起。此后，Nike在市场上逐步地收复失土。

运动行销固然是Nike的主力，但在品牌传播上亦十分重视。20世纪80~90年代，Nike牢牢地掌握住了目标市场的脉动——青春、个性及挑战现实的青少年，所有的Nike产品都特别彰显它的钩形品牌标志，同时发展出"Just Do It"传播主题，伴随着"以你的方式去赢"的广告口号，由世界顶尖运动巨星代言背书，很快就掳获了全球青少年的心。气体鞋在市场上取得了空前的成功，加深了Nike对新产品研发的力度，仅一年的光景，即有300多种新款式在美国市场上市。

● 2000年后

2000年后，Nike开始在中国全国范围内举办足球赛，支持中国足球事业的发展，还推出了"我梦想"大型青少年体育系列活动。在中国打响品牌，取得了飞速进展。

（三）渠道策略

Nike深度营销模式的本质是谋求企业营销价值链的系统协同效率，并以此为基础建立在营销领域的竞争优势。强调在各区域市场与核心经销商、各类优秀终端、用户和物流、服务等相关者建立分工协同、长期合作、共同发展的紧密关系，打造以企业为主导的营销价值链，企业利用自身的综合能力（品牌、实力、商誉、管理经验等）逐步确立渠道领导权，承担营销链的构建、协调、领导和服务等管理职能。

Nike的关注点不止于经营，还有销售渠道。它认为，分销就是指商品和服务从生产者转移到经销商，再由经销商转移到消费者的过程。分销的理想目标，就是确保让目标市场的顾客到处可以买到生产者所提供的商品。合理的渠道起着Nike商品互相交换关系和物质利益关系的沟通桥梁和纽带作用。构成渠道的各种机构由许多不同种类的流程贯穿联系。

Nike在渠道的改造上，制定了一套差异化的战略，但目标均是与消费者更贴近，更敏捷地应对他们需求的变化。在购物习惯仍比较传统的美国市场，Nike主要是减少对零售商的依赖，扩大直营门店的数量，推出运动体验更佳、可提供定制的超大概念门店，而在新兴市场，Nike主要是进行数字化的革新，将线上线下融合。

渠道的开拓是重要而且必需的，如今，企业界大都了解，掌握渠道就是扼住了商品流通的咽喉，谁握有渠道，谁就拥有制胜的武器，这就是为什么不相关的业者纷纷介入流通者的原因。在以往的营销运作里，分销量是经常被轻视的一环。而事实上，营销战本来就是一场整体战，营销运作必须对"4P"作最佳组合，整体齐发，方能发挥真正的营销战力。但是渠道的运作是辛苦而繁重的，正是因为企业发现渠道成员很难控制，所以许多企业宁愿将精力集中在产品、定价和促销这三大竞争手段上，而不愿花时间、金钱去培养渠道成员。所以致力培养和开发渠道的Nike，必将在竞争中胜人一筹。Nike建立了一套有计划的，实行专业化管理的，垂直的市场营销系统，把生产商与分销商二者的需要结合起来，而 Nike 是总的规划者与运行人。

● 分销商关系规划处

Nike 在市场营销部门内设立了一个分销商关系规划处，其任务是了解分销商的需要并制订营销计划，以帮助每一个分销商尽可能以最佳方式经营。这个处和分销商共同规划营销目标、存货水平、场地与形象化的营销计划、销售人员的训练要求，以及广告与促销计划。其目的在于把分销商首先从购方（通过与供应商的敌对关系）获取利润的想法，转变到认识他们是复杂的垂直营销系统的一部分，并赖以从分销方获取利润。

● 存货控制体系

Nike 有着很完善严格的存货控制体系，这种体系被称为"期货"，是 Nike 能够持续创利的关键所在。Nike 要求零售商必须提前 6~8 个月就预订其总购货量的 80%，只有这样 Nike 才能保证发货时间并给予 10% 的折扣。由于 Nike 对供定货情况了如指掌，就能有足够的时间按定货来安排生产。这就避免了过多的库存，同时也确保了能从其亚洲各分厂获得较理想的出厂价。零售商讨厌这种制度，因为一旦对市场的估计出现差错，他们就会被这些鞋困住。但是 Nike 的市场吸引他们去试试运气。虽然 Nike 的竞争对手也在做同样的事，但当 Nike 公司按照已经达成的交易开始发货时，它就已经领先对手一步了，原来，Nike 在对零售商的调查中发现，许多零售店的货架上常有 30% 的货物缺货，这势必影响顾客对商店的信心。

Nike 公司认为，最好的方法是利用其市场反馈系统。该系统通过计算机将公司与各零售商的现金出纳机相连，使公司能够详细记录下各家商店正在销售些什么。对零售商而言，该方法的好处在于，他们可少冒滞销货积压或抢手货短缺的风险。这种做法使 Nike 公司得以根据商店的销售情况安排授权生产。此外，由于掌握了商店的销售情况，该公司可以把货直接送往零售店，而无须在自己的仓库储存。这使送货周期从几星期缩短到几天。

● 企业直营化

Nike 面对各种渠道变革的冲击，采取适当的应对措施，以强化本身的竞争能力。首先实行企业直营化，将业务体系收归直营，以便总部统一发号施令。因为渠道势力抬头，要求就多了，企业必须尽量去满足它；再者，竞争日趋激烈，渠道变成了决胜负的关键所在，谁能掌握渠道，谁就能占尽优势。为了整顿渠道，控制市场，Nike 痛下决心，将业务体系收归直营。通过直营体系，Nike 可以直接与零售渠道接触，满足各个渠道不同的需求，掌握市场情报，进而了解消费行为与竞争动态。对于营销人员而言，则可以依区域分别，要求营业单位切实执行铺货率、成交家数，以及卖场陈列等配合事项。而在新产品推出之际，更可以全体动员。凡此种种，都不是传统经销商所能够提供的。

直营之余，Nike 更进一步向下扎根，向前整合，借由向前整合，Nike 可以自行掌握渠道据点，增加旗下产品曝光的机会，并且更好地搜集市场情报；向后整合，目的在于降低营运成本，增加本身的竞争力，专业分工明确，提高整体的经营效率。

● 寻找渠道成员

Nike 深刻地认识到，市场分销是现代企业进行销售工作的重要市场资源。然而，它又是一种人与人之间关系的建立与延伸，是工作上默契的协作关系网。正所谓生意未做，朋友先交。此外，这种关系网的建立还要求产销双方互惠互利及彼此忠诚，履行诺言，相互帮助，共同发展。由此可看出，现代市场营销渠道不只是商流、物流、信息流，还有人的关系的建立与完善。任何一个现代营销者都要充分利用市场资源，更要为建立这种默契的协作关系网做出不懈的努力。

Nike 对于授予贴牌的生产商在市场覆盖率、产品可获量、市场开发、招揽客户、技术指导和市场信息等方面，彼此之间有明确的相互要求。尽管 Nike 公司逐渐认识到渠道具有应付竞争的价值，但在实施过程中发现，即便拥有了一位出色的渠道成员,要想真正控制它也非易事。因为渠道的成功与否,除了企业本身的努力外,还需依靠渠道成员的合作。这要靠双方的努力,不像产品的开发、价格的制定、促销手段的运用是生产企业单方面可以控制的。Nike作为特许经营者,发起并将其他成员组织在一起,构成由生产至销售的联营体。这样不但可以节省亲身经营所需的花费,还可以通过专业分工,让双方在各自的领域里发挥所长,进而达到相辅相成的效果。

Nike在深度营销中,除了传统惯用的"拉"的策略之外,也日益重视"推"的策略,以建立良好的渠道关系,巩固自己在市场上的地位。Nike深知,水能载舟,亦能覆舟,打通渠道的层层关卡,将会使产品货物畅通其流,营销运作如虎添翼,毫无后顾之忧,但是如果这层关卡没有打通,就会造成营销运作上的一大瓶颈。尤其是在渠道面临改革,渠道势力逐渐抬头之际,运用推动的策略,以化解渠道的阻力为助力,再配合拉动的策略,营销运作就水到渠成了。

三、Adidas(阿迪达斯)

(一)品牌简介

Adidas是德国运动用品制造商,以其创办人阿道夫·达斯勒命名,于1920年开始生产鞋类产品。1949年8月18日以Adidas名字登记,原本由两兄弟共同开设,在分道扬镳后,阿道夫的哥哥鲁道夫·达斯勒开设了运动品牌Puma。

目前Adidas旗下拥有三大系列:运动表现系列performance(三条纹logo)、运动传统系列originals(三叶草logo)和运动时尚系列style(圆球形logo)。

运动表现系列专门致力于大众体育运动事业,其定位是大众化的运动风潮,价格较为平民。

运动传统系列是 Adidas 的经典系列，其定位是复古经典风潮，较之运动表现系列更为时尚、高端一些，因该系列推出的多为限量产品，所以价格较易为中高收入人群所接受。

运动时尚系列可以说是该品牌中最贴近时尚前沿的，代表追求高端享受的潮人潮品精神。

（二）渠道策略

● 分销渠道

分销渠道是指导体育产品从生产者流到消费者的组织或个人，它主要包括中间商、代理商，以及处于渠道起点和终点的生产者与消费者。在现代商品经济条件下，运动品牌经营者的一项工作就是通过体育分销渠道确保体育产品通畅地流向消费者。

对于渠道来说，Adidas 的销售网络独具规模：网络覆盖面大，能辐射国际主要区域；零售终端业态多样；网络本地化程度高，由熟悉本地市场的本地人经营；经销商经过多年培育，相对稳定，对 Adidas 品牌忠诚度高；渠道改良的基础好，横向拓宽，纵向延伸、渗透都很好；渠道多元化兼容多品类产品。

● 企业渠道选择

1. 培养自己的经销商

在 2009 年百丽削减 Adidas 门店、达芙妮退出运动品牌代理的大背景下，Adidas 正在加大对直营门店和各地分公司的直接投入。Adidas 已经将旗下的"三叶草"经销权收回，改在自己的部分直营门店销售。Adidas 接下来要做的，无疑就是扶持一批经销商，再抛弃一批经销商，从而建立起一批忠于自己的经销商队伍。

2. 开网店消化库存

支付宝的相关数据显示，Adidas 在淘宝网正式上线仅三天，日销售额即已超过 300 万元，成为淘宝同类商品业绩冠军。打上特价标签的正版

Adidas，颇受消费者青睐。此举不仅可以消化库存，通过网店打折，也可将对品牌的伤害降到最低。

3. 自营门店的建立

近几年，百丽、达芙妮、宝胜国际等渠道商的议价能力开始逐渐上升。在遭遇百丽、达芙妮等大经销商关店的阵痛后，Adidas应该能够清醒地认识到渠道代理商做大后的弊端。如果销售渠道最终被一家或几家销售商所把持，Adidas丧失的不仅是谈判的话语权，还有最终产品销售的自主权。因此使公司进化成为具备一定零售能力的公司是相当有必要的，这就有赖于自营门店的建立。

4. 外包物流保障王国运转

Adidas经过成本核算，更倾向于外包其物流作业，以期减少运行成本，提高效率。Adidas采取了一系列策略来降低成本，提高效率，以适应高效组织的需要。这些策略包括提高供应链的效率；重组欧洲的物流体系；重新构造和优化Adidas的组织结构，尤其是市场部；大力利用因特网来加强与供应商和顾客的联系，而不仅是用于销售和开拓市场。

（三）Adidas 的未来

Adidas预计将在未来几年内关闭更多门店，进一步转向电商渠道。自2016年从德国消费品公司汉高转投Adidas以来，现任CEO罗斯泰德已将Adidas的年资本开支增加近40%。他计划今年投入9亿欧元，其中很大一部分将用于数字业务运营。Adidas投资的重点领域之一是物流和基础设施，包括用于电商渠道的物流仓库。罗斯泰德表示：“物流整体已经发生了很大变化。如果你向大型连锁店发货，那么会发运一批鞋子。但如果你是向终端消费者销售，那么可能只是发一双鞋子，几双袜子，可能还有几条短裤。”Adidas未来增长的另一大因素是与在线零售商，例如德国的Zalando建立合作关系。两家公司的仓库已经互联在一起，而Adidas会帮助合作伙伴交付订单。

● 信息来源

[1] 百度文库：耐克的渠道管理

[2] 360百科：耐克词条

[3] 赢商网：渠道大变革、国际市场增长迅猛，耐克能否王者归来？

[4] 百度文库：阿迪达斯销售渠道和定价方式

[5] 360百科：阿迪达斯词条

[6] 赢商网：阿迪达斯计划关闭更多门店，进一步转向电商渠道

● 读者思考

（1）耐克的渠道创新体现在哪些方面？

（2）耐克的资源整合对公司的发展会有哪些影响？

（3）阿迪达斯与耐克相比较，在渠道管理上有哪些异同点？

（4）从渠道创新和资源整合的角度，分析阿迪达斯成功的原因。

第四章

责任

——品牌服装企业承担社会责任经典案例

第一节 传承是一种责任

一、理论导读

社会责任是企业追求有利于社会长远目标实现的一种义务，它超越了法律与经济对企业所要求的义务。社会责任是企业管理道德的要求，完全是企业出于义务的自愿行为。社会责任的表现是多方面的，除了从事社会公益活动，还包括把企业做大做强、保护自然环境、遵循社会道德规范等，保护传统文化也是承担社会责任的一种表现。中华民族优秀的传统纺织服装工艺正逐步被工业化生产所取代，而与此相伴的是服饰历史与文化的缺失，这会给后人带来巨大损失。人们已经意识到文化需要传承，才能进一步发扬光大。作为企业，当把文化的传承与自身战略定位融于一体时，那将是一件对社会、对后人、对企业自身都非常有意义的事。

二、天意（TANGY）

● 品牌的诞生

天意，一个具有原创性的设计师品牌。孕育出天意的两位设计师，其中一位就是天意的首席设计师，副总经理梁子。品牌成立以来，梁子作为天意的原创者和灵魂，将其塑造成为一个具有丰富内涵、独特魅力并拥有自主生产技术的民族品牌。经过十几年的悉心培育与智慧灌溉，天意已经走上了世界服装的大舞台。

天意视原创设计为灵魂，将"平和、健康、美丽"的品牌理念，与中国文化精髓"天人合一"的和谐境界，贯穿于天意服装设计开发的各个环节之中。品牌崇尚环保，坚持自身风格，在服装设计中大量运用麻、棉、丝、毛等天然面料，尤其是发现、保护并创新发展了成为中华非物质文化遗产的莨绸。

天意品牌从创立伊始，其推广宣传的重点和策略就非常明确，围绕独特的品牌定位、设计风格与莨绸这种独一无二的面料，将天意打造成为具有国际知名度的中国特色品牌。

● 公司背景

作为天意品牌的拥有者，梁子时装实业有限公司在1995年6月成立于深圳沙头角。早在创业之初，面对风起云涌的服装舞台，公司即以长远的战略眼光明确了阶段性的发展规划和目标，从容地提出了"五年基础，十年发展，十五年壮大"的长远规划，以沉稳舒张的风范，致力于跻身中国时尚最前沿。梁子公司是有实力、可持续发展的企业，目前公司拥有"TANGY（天意）""TANGY COLLECTION"两个品牌，营销网络已覆盖全国160多个大中城市，开设专卖店400多家。公司凭着鲜明的品牌形象与磊落的经营作风，在市场上赢得了良好口碑。

作为引领时装环保风潮的先驱者，天意品牌设计总监梁子被誉为中国时装界的"环保大师"。多年来，她一直身体力行地倡导环保，倡导绿色、健康的生活方式。环保体现在梁子设计的每一个细节，从面料到配饰、手工、绣染，每一项都从最环保的立场出发，这也成就了天意服装从形式到内涵自然健康的一贯风格。天意表达着一种纯粹的、东方的、富于文化意味的环保品位。

● 品牌理念——崇尚自然，复兴传统

天意首席设计师梁子坚持服装用料及制作过程尽量纯天然，追求"天人合一"的境界。梁子介绍，"崇尚自然"是她自始至今一直坚持的设计理念，"天意"之名也是起源于这个理念。自她创业之初，就一直坚持用棉、麻、丝绸等纯天然材料作为衣物的主要材质，而这个过程也很艰辛，梁子说："那时市面上因化纤材质的服装耐洗不皱而广泛流行，棉麻丝材质容易起皱不被推崇。"

一次偶然机会，熟知梁子设计风格的朋友给她介绍了一种叫作莨绸的布料，这种莨绸是广东顺德流传了500多年的一种古老印染工艺，以丝绸为原材料，采用广东本地生长的称为薯莨的野生植物作为染料，经过三十几次浸晒、过河泥等十几道工艺将丝绸染就成莨绸，它还有一个好听的名字——香云纱。莨绸正面呈黑色，反面呈咖啡色，手感爽滑，且具有保养皮肤的功效。但这种材料当时早已被市场冷落，甚至到了濒临失传的地步，介绍给梁子的那些莨绸布料实际上是一家老晒莨作坊长时不用的仓储料。然而，梁子一看到莨绸就极为喜欢。如同千里马与伯乐相遇，莨绸的出现让梁子的衣服可以天然得彻底，"所有印染工艺都采用天然材质，我实在太喜欢了，与我的设计理念非常一致"。莨绸遇到梁子之后也再次焕发青春，在保护其独特工艺流程的同时，梁子对其品种进行了从功能到外观特性上的不断创新。最让人惊讶的是，现在人们可以看到多彩的莨绸了，不再只是千篇一律的黑色和咖啡色两色。原本停工多时的晒莨作坊生产规模也不断扩大。但是，随着市面上仿冒莨绸面料的不断增多，为了保护这个老祖宗留下来的传统工艺，梁子还为其专门申请了广东及国家级的非物质文化遗产。

凭借这份坚持，梁子荣获了2014"世界绿色设计国际大奖"金奖。

天意品牌的民族风原创设计与莨绸面料是品牌立足中国、走向国际的两大法宝。在天意的宣传推广中，将这两个元素与弘扬民族文化紧密结合，使品牌宣传承载了民族文化的使命。天意每一季的设计均以充满东方文化底蕴的名字命名，如"和""月亮唱歌""夏有莨风"以及作为天意精品系列的"TANGY COLLECTION"的设计主题"空"等，都充满了东方文化的哲思与启迪。

天意在保护、研发与应用莨绸的同时，也积极推广和宣传这种民族纺织珍宝。为更好地保护莨绸，梁子时装联合国家标准委员会共同制定了"莨绸国家标准"和"莨绸服装国家标准"；2007年莨绸制作工艺被列入"广东省非物质文化遗产"名录，2008年6月，被列入"国家级非物质文化遗产"名录。梁子时装10多年来对保护莨绸所做的工作，受到了当地政府的认可和关注。为了更好地对莨绸传统技艺加以传承、保护，2009年9月1日，梁子时装与莨绸原产地政府——顺德伦教街道办正式签订了"莨绸（香云纱）文化遗产保护基地合作意向书"，双方将携手打造广东莨绸文化产业园区、莨绸非物质文化遗产保护基地。

● 经营秘籍——积极投身公益事业

天意品牌在发展过程中一直关注公益，梁子更倾其精力投入到环保、公益与关爱社会的各种活动当中。在5.12地震周年纪念慈善拍卖中，梁子设计了一款特别的服装。它大量使用黑色，款式和图案都融入了淡定、自然、平和的东方禅意。梁子希望通过地震这样的大灾难警示人们，对自然应该存有敬畏之情。她希望通过时装感染更多人去选择"简约、自然、生态"的生活态度。

梁子牵手四川阿坝州妇女羌绣就业帮扶中心开展"壹基金羌绣帮扶计划"。这是梁子这位以民族古老文化的保护传承为己任，以设计推进传统文化时尚化、国际化进程为目标的设计师，继莨绸的开发设计创新后，又着下的华彩一笔。四川阿坝州妇女羌绣就业帮扶中心是由中国红十字会李连杰壹基金主导发起的非企业组织，旨在通过发动羌族妇女从事羌绣手工劳动，鼓励和帮助其就业，对羌绣文化进行保护和传承，梁子将羌族绣娘的绣品应用与设计到产品中，推出"羌绣莨缘"高级服饰系列，阿坝州妇女羌绣就业帮扶中心将作为品牌羌绣产品的供应基地，实现项目持续、健康的发展。通过梁子的设计智慧，对羌绣花型的设计创新以及羌绣和莨绸设计的融合让更多人知道羌绣，喜欢羌绣，穿、用羌绣产品，真正起到帮扶作用。

2014年，天意高端品牌TANGY COLLECTION参与了法国公益时装秀HANDIFASHION。5月的法国虽然还有点寒冷，但是在巴黎市中心四区政府的演出大厅，正在上演着一个温暖人心的走秀。舞台上自信的模特神采飞扬，但仔细一看部分模特是残疾人士，虽然身体有少许的残缺，但依然阻挡不了她们脸上的坚定和笑容，这个就是由巴黎市政府、法国女装成衣协会、法国时装工会、法国Adapt残疾人组织等多方支持的HANDIFASHION时装秀。

HANDIFASHION时装秀倡导"la mode pour tous"（人人时尚）这一理念，希望通过带有公益性质的走秀活动向时尚界关注度不高的残疾人群体打开时尚的大门，给他们参与和共享时尚的机会。

中国著名设计师梁子被这次走秀的意义深深打动，携天意高端品牌TANGY COLLECTION作为唯一中国的时装品牌加入了这次充满爱心的活动，为现场模特提供了数十套的走秀服装。现场模特和来宾被这种来自于东方的神秘丝绸所吸引，加上独特的设计，大家都赞叹不已。

三、瑞蚨祥——老字号的传承

● 老字号的品牌背景

北京瑞蚨祥绸布店始建于1893年（清光绪十九年），是享誉海内外的中华老字号，为旧京城"八大祥"之首。北京城流传多年的歌谣"头顶马聚源、身穿瑞蚨祥、脚踩内联升"是对瑞蚨祥名满京城的生动写照。它是由山东章丘旧军镇以卖"寨子布"（土布）起家的孟氏家族出资开设的，业主是孟子（孟轲）后裔。

百余年来瑞蚨祥始终保持老店全、新、优的经营特色。"全"就是从低到高档次齐全，"新"就是新品种、新花色不断推陈出新，"优"就是集各地优质面料荟萃一堂供广大顾客挑选。瑞蚨祥一直奉行百年老店的至诚至上、货真价实、言不二价、童叟无欺的"十六字方针"。现在瑞蚨祥绸布店基本保持了原来的建筑风貌，营业面积近千平方米，拥有百余名训练有素的员工，1985年被国内贸易部命名为中华老字号。瑞蚨祥已成为大栅栏街上的一颗璀璨明珠。

店名瑞蚨祥中的"瑞"字，是瑞气的象征；"蚨"取自青蚨还钱的寓言（青蚨原是一种水虫，因青蚨还钱的典故，又成为钱币的别名）。"祥"字，一方面是吉祥之意，另外创始人乃山东省旧军孟家，所开商店均是祥字号。总之，是瑞气吉祥、财源茂盛的意思。

瑞蚨祥的经营范围包括：绸缎、呢绒、棉布、皮货、化纤、民族服装服饰等。近几年来，瑞蚨祥已有了自己的品牌，以一对母子"蚨"为图案，申报注册了自己的标识，加工制作体现东方女性和中国丝绸特有风韵美的民族服装。

● "大商无算"的创始人

北京瑞蚨祥的创始人孟洛川（1851~1939）是孟子（孟轲）后裔，山东章丘旧军镇孟氏地主兼商业家族鼎盛时期的杰出代表，也是中国近代商业史上举足轻重的人物。1893年，他将济南西关的瑞蚨祥拓展到北京和烟台，主营绸缎百货。从洋务运动时期至民国初年，他在中国北方众多的商业重地建立了一个集经营布匹、绸缎、刺绣品、皮货、棉纱、纺织、印染、钱庄、当铺、茶叶、金银首饰等众多经营项目之大成的商业王国，成为中国北方最大的民族商业资本家。他的许多经营方式开风气之先。他创立的"瑞蚨祥"连锁商号极负盛名，至今仍是北京、天津、济南、青岛等地的著名老字号商店。他独特的经营思想和高超的经营艺术，在中国商业文化史上大放异彩，成为一笔不可多得的商业文化遗产。

1900年6月16日，庚子之变中，一把大火烧毁了北京前门外大栅栏地区铺户民宅数千家，设在此地的山东瑞蚨祥分店库存的丝绸布匹和来往账目也全部化为灰烬。大火刚灭,瑞蚨祥掌门人孟洛川第一个在废墟上支起帐篷、搭起木板,宣布恢复经营。他还贴出了大字告示:"凡本店所欠客户的款项一律奉还,凡客户所欠本店的款项一律勾销,本店永不歇业!"

孟洛川的举动引得周边顾客议论纷纷:哪有光还别人钱,不讨回自己的债?孟洛川简直就是傻瓜一个!但是,主动让利于顾客的孟洛川很快就得到了意想不到的收获——那些欠瑞蚨祥银款的顾客个个感激涕零,于是纷纷介绍自己的亲戚朋友来瑞蚨祥做买卖,并最终成为了瑞蚨祥的忠实顾客。

孟洛川这种经商方法,或许能从孟洛川讲过的四个字中找到答案。

晚年,孟洛川偕儿孙登泰山。望着东方冉冉升起的旭日,他的儿子想到父亲纵横捭阖、驰骋商场七十余年的壮阔人生,恭敬地问:"父亲,您这一生的经商之道是什么?"孟洛川在东岳之巅沉思良久,出人意料地说出了四个字:"大商无算!"

孟洛川奠立的"诚信为本""连锁经营"等经营管理模式,连同他的营销策略和品牌战略,为中国的商业经营提供了经验和借鉴。

● 传统的经营之道

瑞蚨祥的成功,正在于重视对人的软管理:建立了一套严格而完整的人才选拔、培养和激励机制。职员选拔条件极其严格,除重视诸如出身、长相、举止等外在要素外,更注重人的内在品行。瑞蚨祥的铺规涵盖了认真做事、老实做人、遵纪守法、诚实守信、团结互助等道德行为的诸多方面,全文用宣纸红格毛笔正楷书写,悬挂于饭厅正面墙上,使店员耳熟能详,铭记于心,并严格执行。其铺规如下:

盖闻生意之道,铺规为先,章程不定,无所遵循。今奉东谕,议定章程列后,望各遵议奉行,以图长久,如有违犯,被辞出号,贻误终身,悔之无及矣。

一、柜上同仁不得携带眷属。

二、因私事出门，必须向掌柜请假，说明事故及去处，不得指东往西。出门时必须到账房写请假账，挂出门牌。假期不得过长，如因事不能回柜时，必须在上门前向号中声明。

三、亲友来访，只能在指定处所谈话，接谈时间不得超过一小时，并不能接待亲友在柜上食宿。

四、早六时（冬季七时）下门，晚十时上门。上锁后非有要故，一律不得出门。

五、不得长支短欠，顶名跨借。不得代客作保。

六、同仁探家打行李，须经指定人员检查后，始得包裹。

七、同仁探家要按探家次序，并经经理决定，到期即回。至期因事不能回店，须来信续假，多住五天，下期即压班一个月，如因业务繁忙，到期不能走时，压班一个月，补假五天。

八、春节放假，必须留人值班，顾客上门应予接待。

九、摇铃开饭，不得抢前争先，菜饭由柜房规定，不得随意挑剔。

十、同仁洗澡，下门去，早饭前回柜，不得借机游逛或下饭馆。

十一、同仁无论在柜吃饭或出外应酬，均不得饮酒过量，醉后发狂。

十二、同仁用货，必须有店中人员剪裁，不得私自找人。只能自用，不准代买。

十三、柜上同仁不准吸烟，以防发生火灾。

十四、不得代存衣物。

十五、同仁之间，不得吵嘴打架，如有违犯，双方同时出号。

十六、营业时间，不得擅离职守，不得交头接耳，妨碍营业，影响观瞻。

十七、严禁嫖赌和吸鸦片，违者立即出号。

十八、不准无故纳妾。如因无子纳妾者，须事前声明，经考察属实后方准实行。

十九、对待顾客必须谦和、忍耐，不得与顾客争吵打架。

二十、同仁必须注重仪表，无论冬夏，一律穿长服，不得吃葱蒜，不得在顾客面前扇扇子，不得把回找零钱直接交到买主手里（须放在柜台上），不得用粗词俗语，不得耻笑顾客。

二十一、不得挪用柜上银钱、货物，有贪污盗窃行为，立即出号。

二十二、不得以号章为他人作保。此事关系至巨，任何人不得违反。

二十三、柜上同仁，不得在瑞蚨祥所在地区开设同类企业，亦不得兼营其他业务。

二十四、在同仁中挑拨是非致伙友不和者，立即出号。

二十五、结伙营私，要挟柜方者，立即出号。

二十六、凡被辞出号者，不得以任何借口或凭借他种权势逗留不去。

二十七、凡调拨他处不立即前往者，立即出号。

● 老字号的新花样

APP应用是2013年开始的一个大热的品牌营销模式。对于一个传统的服装生产商，客户可以使用APP随时随地浏览商家网站，而不再受时间、地点或者其他因素的限制，品牌可以24小时向客户推送各种信息，且不需要花大量人力物力来接触顾客、吸引顾客和管理顾客等，一切都可以用APP来实现。

在这一方面，瑞蚨祥的做法值得效仿。瑞蚨祥通过APP为消费者提供24小时在线服务，商品上架更新，以及品牌促销活动，让消费者与品牌的沟通更紧密，此外，瑞蚨祥APP定位于做专业人工搭配，为用户提供着装建议，实现一站式移动购物。从产品界面和功能来看，瑞蚨祥客户端主要提供不同主题的着装搭配参考，包括上装、下装、帽子、包、眼镜、鞋子等，用户在浏览、欣赏的过程中可以随意下单购物。既大大提高了营销效率，更增强了企业品牌与消费者之间的黏性。

瑞蚨祥品牌与移动营销的结合，可谓碰撞出了无限的创意火花，这在服装市场大战中，将为消费者带来更多的品牌互动体验，品牌体验大幅提升，亦将成为服装品牌市场竞争的新亮点。作为一种独特的营销模式，瑞蚨祥开启的移动营销可借助移动互联网技术突破资源限制，拓展生存和发展空间，实现企业的可持续发展。

● 信息来源

[1] 天意中国官方网站，http://www.tangy.com.cn

[2] 天意品牌相关媒体报道

[3]《亚洲知名服装品牌经典解读》

[4] "别样孟子传人：瑞蚨祥的'孟氏'经营"，2014-10-13，齐鲁晚报

[5] "高级定制领导品牌瑞蚨祥涉足移动电商开启营销新模式"，2014年04月01日，中国商业电讯网

● 读者思考

（1）社会责任指的是什么？服装企业可以从哪些方面承担社会责任？

（2）天意承担社会责任的表现形式都有哪些？其方式方法在服装行业里是否能够提倡并推广开呢？

（3）天意是怎样处理弘扬传统文化与企业经营之间的关系的？

（4）瑞蚨祥靠什么成为经营百年的老字号店铺？

（5）瑞蚨祥传承的是什么？

（6）老字号在传统与现代化之间如何发展？

第二节 回归自然，回馈社会

一、理论导读

企业社会责任（Corporate social responsibility，简称CSR）是指企业在创造利润、对股东承担法律责任的同时，还要承担对员工、消费者、社区和环境的责任，企业的社会责任要求企业必须超越把利润作为唯一目标的传统理念，强调要在生产过程中对人的价值的关注，强调对环境、对消费者、对社会的贡献。

早在18世纪中后期英国完成第一次工业革命后，现代意义上的企业就有了充分的发展，但企业社会责任的观念还未出现，实践中的企业社会责任局限于业主个人的道德行为之内。企业社会责任思想的起点是亚当·斯密(Adam Smith)的"看不见的手"。古典经济学理论认为，一个社会通过市场能够最好地确定其需要，如果企业尽可能高效率地使用资源以提供社会需要的产品和服务，并以消费者愿意支付的价格销售它们，企业就尽到了自己的社会责任。到了18世纪末期，西方企业的社会责任观开始发生了微妙的变化，表现为小企业的业主们经常捐助学校、教堂和穷人。进入19世纪以后，两次工业革命的成果带来了社会生产力的飞跃，带来了企业在数量和规模上较大程度的发展。这个时期受"社会达尔文主义"思潮的影响，人们对企业的社会责任观是持消极态度的，许多企业不是主动承担社会责任，而是对与企业有密切关系的供应商和员工等极尽盘剥，以求尽快变成社会竞争的强者，这种理念随着工业的大力发展产生了许多负面的影响。

与此同时，19世纪中后期企业制度逐渐完善，劳动阶层维护自身权益的要求不断高涨，加之美国政府接连出台《反托拉斯法》和《消费者保护法》以抑制企业不良行为，客观上对企业履行社会责任提出了新的要求，企业社会责任观念的出现成为历史必然。

随着经济和社会的进步，企业不仅要对盈利负责，而且要对环境负责，并承担相应的社会责任。20世纪50~70年代，经济学家米尔顿·弗里德曼提出"企业的一项、也是唯一的社会责任是在比赛规则范围内增加利润"。社会经济观认为，利润最大化是企业的第二目标，企业的第一目标是保证自己的生存。为了实现这一点，他们必须承担社会义务以及由此产生的社会成本。他们必须以不污染、不歧视、不从事欺骗性的广告宣传等方式来保护社会福利，他们必须融入自己所在的社区及资助慈善组织，从而在改善社会中扮演积极的角色。20世纪80~90年代，企业社会责任运动开始在欧美发达国家逐渐兴起，它包括环保、劳工和人权等方面的内容，由此导致消费者的关注点由单一关心产品质量，转向关心产品质量、环境、职业健康和劳动保障等多个方面。一些涉及绿色和平、环保、社会责任和人权等的非政府组织以及舆论也不断呼吁，要求社会责任与贸易挂钩。迫于日益增大的压力和自身的发展需要，很多欧美跨国公司纷纷制定对社会做出必要承诺的责任守则（包括社会责任），或通过环境、职业健康、社会责任认证应对不同利益团体的需要。20世纪90年代至今，由生产企业、劳工组织和人权组织共同推进了"社会责任运动"，使"公司社会责任'并非多此一举'，而是核心业务运作至关重要的一部分"成为企业和社会共识。

二、Salvatore Ferragamo（萨尔瓦托勒·菲拉格慕）

● 企业历史

每个人都需要一双好鞋，它能带你去任何美好的地方。菲拉格慕历经近百年的发展，在今天依然能够让人们相信，一双好鞋可以让你"脚踏实地"地奔向想去的地方。菲拉格慕品牌自1927年成立以来，历经全球经济大衰退、第二次世界大战依然屹立不倒，反而在历经沧桑之后，更显其精致典雅的品质。

菲拉格慕创始人Salvatore Ferragamo先生，从小就热衷于制鞋，尽管当时意大利的手工艺人地位卑微，但Salvatore Ferragamo先生却仍然对制鞋有着超乎想象的热忱，在他的坚持下，13岁尝试着开鞋店，之后更是凭借制鞋的手工艺去美国闯荡，恰逢美国好莱坞影业的崛起，Salvatore Ferragamo先生先是为电影工作室做道具鞋，后来很多好莱坞明星慕名找他定制鞋款。20世纪20~30年代，恰逢美国工业化初期，工厂化制鞋的方式让崇尚手工制鞋的Salvatore Ferragamo先生有些抗拒。1927年他返回意大利，在佛罗伦萨开设了他的店铺，创立了以他自己名字命名的Salvatore Ferragamo集团。尽管Salvatore Ferragamo先生已离开美国，但他制作的鞋子依然让好莱坞女星们趋之若鹜，奥黛丽·赫本、玛丽莲·梦露、索菲亚·罗兰……这些世界电影史上的风云人物都曾是菲拉格慕品牌忠实的客户，他单为玛丽莲·梦露就设计了40双形式各异的高跟鞋，且鞋跟的高度精确为10.16厘米，从此10厘米细高跟鞋也成了菲拉格慕品牌史上的一个传奇。除此之外，为奥黛丽·赫本设计的芭蕾舞鞋款、以朱迪·嘉兰为灵感设计的彩虹楔形鞋，都成了菲拉格慕品牌史上的经典鞋款。

1960年，Salvatore Ferragamo因病去世，这正是他事业的巅峰时期，此时他已经拥有了350项鞋样专利，对于Salvatore Ferragamo来说，他的事业还远远没有完成，此时，家族传承显得尤为重要。对于他的夫人Wanda Ferragamo和六个孩子来说，将Salvatore Ferragamo先生的事业传承发扬则成了家族每个成员事业的重心。

也正是因为血脉相承，才更让菲拉格慕品牌在商业的洪流中有了特别的温度。Salvatore Ferragamo先生的六个子女都在年轻时涉足家族生意，并在成年后，一一进入家族企业工作。Salvatore Ferragamo先生去世后，他的长女Fiamma Ferragamo在1978年设计了享誉世界的蝴蝶结芭蕾舞鞋Vara，是全球销量最广的一双女鞋；此外她还开创了女士提包板块。他的次女 Giovanna Ferragamo 开创了高级成衣的板块，Leonardo Ferragamo 则开创了男士高级成衣制造，长子 Ferruccio Ferragamo 则就任菲拉格慕集团董事长。

对于菲拉格慕这样超过七十人的大家族来说，庞大的家族企业也面临着诸多管理问题，Ferruccio Ferragamo 先生曾说过，管理好家族企业的关键就是要立规矩——一方面，六个兄弟姐妹股份平均，这一"平均主义"做法也延续到了第三代；另一方面，就是从 23 个第三代家庭成员中选三位加入家族企业。他认为"3"这个数字可以很好地平均制衡，有利于公司的长远发展，而选取的标准更是秉持自愿原则，优中选优。

2011 年 7 月，菲拉格慕公司 25% 的股份在米兰股票交易所上市，此外大部分股票仍然保留在菲拉格慕家族成员的手中，至今所有家族成员都拿相同的报酬和相同比例的股票。且与其他富二代们不同，菲拉格慕家族并不以华丽的生活方式著称，相比而言，低调务实是他们的风格，在菲拉格慕品牌将近一个世纪的发展历程中，他们始终秉持着"华贵典雅，实用与款式并重"的理念，以优质的传统手工制作和精致典雅的风格为众多女性所青睐。

● 关注可持续生活方式的 Ferragamo World

国金中心开幕时盛大的繁华，并没有掩盖掉这双鞋子的光芒，它叫"Ferragamo World"，是菲拉格慕全新的休闲时尚系列男鞋。它在 2010 米兰男装周上首发亮相，随着菲拉格慕亚洲最大旗舰店登陆中国内地。Javier Suarez 先生是菲拉格慕男士皮革制品总监，一位为这个品牌服务了二十年的绅士。在他加入之前，菲拉格慕专注于女装和女鞋的制作，二十年后，他骄傲地带着一双承担着社会责任的鞋履来到品牌亚洲最大的旗舰店。他说，菲拉格慕男鞋的今天，就是他二十年来最大的成就，他为一个拥有男装、女装全系列产品的菲拉格慕而骄傲。

这双让他骄傲的男鞋是一个全新的男鞋系列，它以独到的美学眼光与风格理念，大力提倡和谐环保、对社会负责的可持续生活方式——这是"Ferragamo World"的宗旨所在。他用"意大利都市休闲风情"来概括"Ferragamo World"系列的神髓所在：产品毫无拘泥之感，洋溢着自由随性的休闲风情。"这双鞋子的设计灵感源自意大利的传统生活方式，那是一种缤纷的姿态：悠然享受户外休闲时光，在城市的大街小巷远足漫游，以自行车替代冒着油烟的汽车，注重细节崇尚舒适优雅，一种意大利的味道。鲜亮的橙色，明丽的黄色……"这个系列的鞋子明艳得动人，一改菲拉格慕昔日的低调优雅。"这是现代的意大利风格，虽然里面只有6款，但是颜色很丰富，是一个全新的年轻的风格，我们希望吸引到不同的客人，而且价位不高。"Javier Suarez先生解释说。

"Ferragamo World"系列推出了6款优质皮革打造的橡胶底鞋款。采用环保材料和人体工程学设计制成的鞋底以其独具一格的构造实现了舒适的穿着体验，同时也与鞋履简洁大方的线条完美相融。鞋底中央设计成锯齿状的椭圆形表面，能够在脚掌踏压鞋底时为足部提供支撑，从而使穿着者更感舒适。为了尽量减少制作过程对环境的影响，菲拉格慕在工艺和用料上颇下了一番功夫：选用品质上乘的皮革为原料，并采用最新型水鞣工艺和水性胶黏剂，以此摒除各种有害废物。"Ferragamo World"系列的推出足以证明，菲拉格慕品牌正以着力关注企业社会责任的态度在世界各地开展经营。此系列的部分销售收益将用于资助Acumen基金的发展计划，所得捐献将投资于印度、巴基斯坦及东非地区的商品和服务企业，以促进安全饮用水、清洁能源及农业等领域的发展。这是Acumen基金首次与国际时尚品牌合作，也是菲拉格慕有史以来最广泛的慈善合作行动。

"通过与Acumen基金的合作，菲拉格慕再次证明了其主动承担社会责任的企业承诺，期望可以积极参与到可持续发展和扶贫活动中去。"Javier Suarez先生说。

● 秉承环保的品牌精髓

菲拉格慕在履行社会责任的道路上迈出的最重要一步，就是决定采用环保包装——通过森林管理委员会 (FSC) 认证的意大利制造生态包装盒和购物袋。

菲拉格慕始终严守企业道德，谨遵环保理念。集团决定采用的环保包装均通过 FSC 认证。FSC 产品标签是注册商标，用以标明产品所用的木料是产自管理得当、履行生态责任的林区，须达到严格的环境、社会及经济标准。菲拉格慕产品的包装袋和包装盒采用了一种天然纸（含 40% FSC 废脱墨纤维、55% FSC 纯生态纤维素以及 5% 棉纤维）。这种纸张经过先进技术处理，强韧耐用且不易掉色。FSC 认证的表面材料适用于多种包装产品：包装袋提手为棉质，浸染菲拉格慕的标志性色彩——波尔多酒红色时采用的染料是专门研制而成，各项指标均符合生态标准。此外，包装鞋品、钱包和配饰的小号购物袋也采用了严格遵守生态要求的意大利制造非漂白纯棉材料。这些产品目前已在各菲拉格慕专卖店推出，并已于 2010 年 2 月之前在全球范围完成新旧替换。

菲拉格慕意大利有限公司首席执行官 Michele Norsa 表示："集团多年来一直以严格的道德准则对供应商严加约束，所以着眼环保包装并付诸生产是势在必行之举。保护地球资源、造福子孙后代，这是目前人们高度关注的重大问题，因此我们希望采取负责任的做法，将美观考量与生态意识挂钩，以此证明企业经营完全可以走生态环保的道路。"为生产新款环保包装产品，菲拉格慕集团主动联系了几家对该项目抱有信心的意大利公司，并与这些志同道合的合作伙伴开展了卓有成效的合作。

在 2015 年米兰世界博览会上，为凸显博览会主题"滋养地球：生命的能源"，菲拉格慕特别推出一系列环保配件，带来众多限量版鞋包作品。该系列配件以生态环保的方式重新演绎了菲拉格慕的经典作品，如标志性的 Rainbow 彩虹鞋，利用条纹状软木制作鞋底并以浅灰色织物覆盖鞋面；经典 Sofia 包款则采用环保合成材料、软木和天然织物，搭配金属细节，该系列亦推出一款采用 100% 软木制作的小型提包。注重细节的主旨贯穿整个系列。

事实上，菲拉格慕始终关注此类议题，当年战争引起的资源短缺促使菲拉格慕革命性地在众多著名鞋款中采用了软木、酒椰纤维与麻等非常规材料制作鞋履。菲拉格慕将品牌渊源和传统与现代生活需求巧妙地结合在了一起。

除包款与鞋款外，环保系列亦推出独特的丝质配件，以菲拉格慕标志性的印花和受食物启发而设计的图腾制作，并印有限量编号和"Limited Edition"字样。其中一款丝巾将原本的动物、花卉和植物图案重新演绎成种子与谷物的模样；领带系列上则印有世界上各种食物的微缩印花。

● 自然和谐之美

菲拉格慕放出最新2014秋冬系列广告大片。"自然与人之间的完美平衡，像是无声电影中的和谐与简洁"，著名摄影组合Mert & Marcus以这个为灵感，在暗色背景前利用清澈的日光，突显出时光停留的意念。本季服装与配件，予人以外形流畅、自然迷人的视觉与触觉体验；而模特Mariacarla Boscono、Amanda Murphy 和 Suvi Koponen，以及Felix Hermans 和 Jason Anthony，在自然环境中流露出强烈优雅而独特的美，被瞬间定格于镜头里。

简单的装饰与室外自然风景完美融为一体。即将到来的黎明与日落的最后一束炽热光线，共同打造出此次广告大片的如电影场景般的夜间效果。一大片鲜艳的蓝色鲜花向远处延伸，一望无际，它们的颜色与天空交相辉映。在黑色、深咖啡色、巧克力色、沙色、驼色相交融的深色背景中，模特身上砖红色、琥珀色及灰色调的短裙、连衣裙与外套，完美展现2014秋冬系列的奢华与深沉格调。Mert & Marcus巧妙捕捉到本季厚重与通透交织融合的特点，建筑感廓形披肩与华丽外套，搭配时髦衬衫与精致连衣裙，让人更加期待品牌创意总监Giornetti创作的秋冬系列全貌。

三、例外（Exception de Mixmind）

● 企业历史

例外创立于1996年，是中国现存时间最长亦是最成功的原创文化品牌。秉持创新的价值追求与传承东方文化，十多年来一直致力将原创精神转化为独特的服饰文化以及当代生活方式。

例外的企业宗旨和理念可以从其品牌标识窥见一斑。例外的标识是反向的字母，其内涵是外反内正；它反的是那些束缚在创新上的旧框框、市场上的惯性；它提倡的是反向思维，它更关注自身内在的正面需求，更注重对生命、生活、生态正面主张的坚守。例外相信女人没有缺点只有特点，衣服是表达个人意识与品位素养的媒介；例外为当代中国女性展示了一种现代的生活意识：知性而向往心灵自由。独立并且热爱生活，对艺术、文学、思潮保持开放的胸襟；从容面对自己、面对世界，懂得享受生活带给她的一切并游刃自如。凭借其特立独行的哲学思考与美学追求，例外成功地打造了一种东方哲学式的当代生活艺术，更赢得海内外各项殊荣与无数忠诚顾客的爱戴。

坚持天然质朴的材料，拒绝使用化纤是例外品牌的标志。例外也以大胆破格著称，设计师擅于利用对环境无害、能循环再造的物料结合传统纺织、刺绣技术，这种绿色思想以及对传统的敬重获得了时装界无限的赞赏。

"例外、马可、中国自主品牌"等词汇随着国家主席习近平和夫人彭丽媛出访俄罗斯成了时尚圈2013年3月的流行关键词。根据例外官方网站上的公告，彭丽媛这次出访俄罗斯的部分出访服装为中国著名设计师马可专门设计定制，由民族品牌"无用"及"例外"团队配合制作。中国设计出现在这样的国际场合，向世界展示了中国不仅有中国制造，也有中国创造。

经过20余年的发展，例外作为原创设计师品牌的代表一直走在前沿，诠释着自己的理念。其艺术指导马可曾经在1994年凭借作品《秦俑》获得以创意著称的"兄弟杯"国际青年服装设计师作品大赛金奖。作为一名设计师，她受邀参加了很多国际活动，成为在国际舞台上崭露头角的原创设计师元老级代表。而当世界开始关注东方、关注中国时，例外也逐渐明晰了其自身具有民族使命感的品牌主张："寻找当代中国生活美学的自我。"

● 追随初心的经营理念

例外坚持追随内心、摒弃浮华的经营方式来获得更为牢固的消费者基础。例外从不做广告，而是通过店铺和各种跨界的主题活动，让品牌深入人心，从文化的层面，引起消费者的认同。

例外的新品秀，在传达设计特色的文化主题统领下，将服装蕴含的文化符号与生活态度通过动态的展示与静态展览淋漓尽致地表现出来，向外界传递强烈的文化引导讯息。从2005年开始，例外在每年的5~6月母亲节与儿童节期间持续推出"天使活动"，引领人们回归生活的本质，通过亲子之间的互动，言传身教，传递真、善、美的天使精神。每次"天使活动"的主题都颇有深意，比如2009年的主题是"手"护天使的翅膀，特别设计了最新的天使亲子装、棉手帕以及手影游戏，共同分享和回味往昔那简单而温馨的情感交流；2012年的主题是"那些花·儿"，以"花"向母亲致敬，以"儿"比作孩子，探索育儿过程中的感悟和启发。2014年，适逢"天使活动"10周年，例外以"10年，天使如初"为题，透过"天使活动"10年脉络，以父母之爱感恩生命的原点，以天使成长的印记颂扬爱的传承。对例外而言，10年，意味着回到活动原点，纵然时光更迭，10年前的初衷不改，最初的信念依旧溢满胸腔。2016年例外"天使活动"以"同在伞檐下"为主题，配合品牌20周年年度主题"生息"，倡导一种分享互爱的家庭关系及社会关系。例外期望通过这一年的"天使活动"，激发社会大众更多的关注与回响，让关怀永无止境，更让例外耕耘的这份理想持续发扬。

"天使活动"是例外关怀社会、人文和环境的长期计划的一小部分，亦是例外一年一度的标志性活动。例外通过"天使活动"，透过具有感染力的当代设计语言，透过孜孜不倦的品牌行为，将服装文化和人文之心、公益之举结合起来，对外传播深入人心的品牌文化，即关注生命与个体，关心地球与自然，热爱生活，颂扬爱与真诚，将人文关怀贯彻在行动之中，以行动证明一个有使命感的企业应善尽社会责任，更期望能透过一个企业的力量，激发更多的关注与回馈。

例外历年"天使活动"主题

年度	主题
2005	拿出我的天使
2006	我心中的天使
2007	失落的天使不孤单
2008	身边的天使
2009	"手"护天使的翅膀
2010	触·爱
2011	天使诵爱
2012	那些花·儿
2013	早安，天使
2014	10年，天使如初
2015	天使，我听你说
2016	同在伞檐下
2017	真惜

例外的经营理念也贯彻在店铺的设计上。2007年4月，例外全国第一家复合式概念店——"双面例外"于云南昆明正式诞生。"双面例外"追求外在穿着与内在精神生活的同步提升，代表的既是服装的例外，也是阅读的例外，是例外×例外的双倍加乘效果，更是一个探讨关于内在与外在、表象世界与意志世界、理性与感性、物质生活与精神生活的双重展示空间。"双面例外"的诞生，呈现出例外作为一个有文化思想观点、提倡当代中国生活美学品牌的格外用心之处。2008年6月21日，例外北京SOGO生态店正式开业。例外不但在服装上追求天然材质，在店铺的设计装修上也同样如此。北京SOGO百货的三楼，是一块没有商家愿意承租的比较难

以处理的空间，使用面积约600平方米，例外邀请香港知名设计师又一山人(Another Mountain Man)设计共同打造了一家生态概念店，店铺80%的装修材料来自于重复利用的天然材料，表达了设计者对于人类原生态生活的想象。这家生态店总体的设计理念是"洞穴"，所以在整个店内有许多圆弧形的切角。店内用来做装饰的最多的是木料，所以整体色调以棕色为主，这也正好配合了例外服装所常用的原麻色。摒弃铁钉等工业印记的天然木质店招、偏远地区小学废弃的课桌椅、屋顶的废旧苫布、旧船板拼贴的地板、制衣剩余的碎布缝起来的试衣间，都倾诉着人与自然的邂逅故事。例外生态店里不仅有服饰、生活家居用品、童趣物品、手工艺品，还有书籍音像及咖啡饮品服务。在这样一个开放的空间里，邀请顾客一起参与体验、创作，一起发现生活的无限可能性，感受不同的生活乐趣。同时，例外也希望顾客能在自然、轻松、自由、手工、创意的氛围里面，体会对生活、对生命的热爱。在生态店中，环保与回收的理念处处可见，它邀请客人的，不是一次性的血拼购物，而是休憩，是阅读，是慢下脚步体会细节。

例外秉承传承文化的初心，持之以恒地精研中华传统，努力使传统文化融入并成为例外品牌的血液。2005年4月1日，北服—例外传统服饰应用研究所成立，以收集、研究中国传统服饰为核心工作，并进行应用性创作研究。例外投资传统服饰应用研究所，与北京服装学院合作启动中国传统服饰的保护、研究与发掘、再创造项目，希望以此为平台，实现传统服饰保护工作与设计再创造工作的对接。2008年，全球陷入经济危机，中国却依然行进在快车道。然而，物质生活的升级却凸显民族文化身份认知的缺失。这一年开始，例外开始与汉声合作，于每年春节期间举办门神活动，借着门神这一载体，唤回大众对传统文化的集体记忆。2015年起，与贵州省雷山县当地政府联合保育传统苗绣文化，联合当地传承人、100名绣娘共同参与，推出"传袭再造"项目，手工产值百万元以上。从2013年开始，例外与公益环保组织、高级原料供应商共同开发牦牛绒，希望将高温暖、高品质、极具设计感的牦牛绒产品带给例外友人，同时激发更多人了解和关注原材料与当地牧民的生活现状的关系。

原创设计，加上行之有效的营销方式，让例外形成了稳定的客户群与市场口碑。在其受众群内，认知度和美誉度远远超过国内其他一些女装品牌。也许，与拥有几百家甚至上千家的大手笔的品牌相比，不到百家店铺的例外仅仅是一个小众品牌，但这并不影响它成为中国服装的名片。作为中国现存时间最长亦是最成功的原创文化品牌，例外是中国女装品牌从无到有、从"中国制造"到"中国设计"的缩影，已经在中国乃至世界范围内引起了强烈的关注。

● 忠于文化、致敬自然的设计

例外的设计风格建立在对东方精神的深邃、独特的理解上，追求天然的材质，颜色素雅，后期转型后也主打舒适、自然、天性的立体剪裁。例外的产品坚持朴实环保，而马可创立的另一个品牌"无用"定位则是公益，环保性更强烈。

近几年例外品牌推出的服饰新款也是以精简到最低限度的细节著称，仅以剪裁与面料的质感来表达设计的内涵，纯粹的色彩、偶有印有几乎难以察觉的徽章图案的面料，搭配质朴的平底鞋。例外精于以各种创新手法演绎东方式的裹缠形成面料与身体间的自然关系，整体来看优雅、安宁、朴素又复杂。例外的设计作品透着一种自然的清新味，穿上例外的服装，总能找到一种淡泊宁远的诗意。其实，在每一季的新品中，例外都会在一个有诗意的主题下，比如"我所见即我所信""风淡""久爱一生""早安，生活"等，寻找与消费者的共鸣。

1994年4月25日，马可作品《秦俑》获得第二届"兄弟杯"国际青年服装设计师作品大赛金奖。虽然她没有去过西安，但是通过独特的想象力和视角，很好地表达出了中华民族文化的浑厚、质朴以及博大。作品采用本色真皮切割成小块，用细皮条连接而成，同时注入了现代的流行色彩，再现了古代秦俑朴拙而威武的风采。《秦俑》的出现改变了中国人一提传统服饰文化必称旗袍的问题。

2006年，例外旗下的另一个独立品牌"无用"创立，这是马可在当代艺术领域以及人文思考上的全新探索。2007年2月25日，无用首次亮相于巴黎时装周并大获好评，其新锐的触觉引起了国际时装界与艺术界的广泛关注。2008年7月3日，马可再获法国高级时装公会邀请，作为第一位中国设计师在巴黎高级时装周正式发布作品，这是中国服装品牌首次被列入巴黎高级时装周的官方日程。2009年10月26日，例外在北京中国美术馆参加了主题为"穿越设计·触摸心灵"的展览，成为此次大会"设计·生产力"特展的重要组成部分。该展览通过品牌的典型案例明确阐释了现代设计在衣、食、住、行各个领域对增加产品附加值的重要意义。例外作为"衣"的代表，不仅呈现出中国服装行业对于设计的独特思考和所拥有的哲学高度，更进一步展现了服装产业在自主品牌国际化拓展和推动创意经济发展的先行性和示范性价值。

● 全新文化生活概念店——方所

伴随品牌的不断发展，2011年11月25日，例外借15周年庆典，在广州推出了全新文化生活概念店——方所（Fangsuo Commune），一个以书店为主体的新形态复合店，继续通过服装、文化、生活与艺术，搭建全新的文化艺术沟通平台，在当代艺术领域与人文思考层面中，探索与呈献无限可能。方所是涵盖书店、美学生活、咖啡、展览空间与服饰时尚在内的一体式全新文化空间，由例外联合台湾行人文化实验室倾力打造。

"方所"二字取材自南朝梁代文学家萧统"定是常住，便成方所"，她要为懂得文化创意生活的所有人，打造一个内在渴望归属的地方。方所更希望借助这个独一无二的平台，传递文化生活的全新理念主张。方所的出现，默默改造着一个城市的文化，这个承载新阅读、新美学、新生活的场域，将成为都市发展的新起点。

广州方所位于"太古汇"广场，面积约2000平方米。其中的书店包罗超过50000种来自世界各地逾90000册最好的出版品，涵盖设计、建筑、文学、艺术等领域。"美学生活"则引进60多个来自全球的环保生活品牌，其中超过40家品牌第一次引进中国，开创国内同行业先河。徜徉其中，任何人都能在此感受到属于自己的宁静与饱满，她是一个"家"，一种知识、审美与生活的完美结合；更重要的，方所不仅希望成为静态的文化陈列场所，也希望能动态地提供各种文化活动，成为广州重要的文化据点。因此，方所在开幕仪式中，将别开生面地邀请诗人杨黎、廖伟棠、杨佳娴朗诵自己创作的诗歌。骆以军、毕飞宇、杨照、欧阳应霁、杨葵、韩东、刘克襄、张铁志、周云蓬、格非、冯唐、毛尖等多位知名作家都曾在方所为城市生活者们演讲、签书。

作为方所的孕育者，例外品牌在20多年的成长历程中，深谙衣饰在今天的意义已经远超它的外在实用性，更是当代文化艺术与生活方式紧密相连的结晶。在例外不断创造具有明显风格衣饰的同时，她更是一直以发扬与传播基于东方哲学的当代生活美学为使命。游方世界，起点中国，坚持例外，安身方所。

● 信息来源

[1] 凤凰时尚

[2] 菲拉格慕中文网站

[3] 例外官方网站

[4] 凤凰时尚

● 读者思考

（1）菲拉格慕如何在经营中贯彻环保的理念？

（2）环保会对产品设计产生哪些方面的影响？

（3）环保举措对菲拉格慕的消费者认知有什么作用？

（4）传统文化为例外提供了哪些发展动力？

（5）例外如何通过主题活动回馈社会？

（6）如何理解例外的设计理念？

第五章

快销

——快销品牌服装企业经典案例

第一节　国外的快销服装品牌

一、理论导读

时装是紧随时代潮流的服装，因此时装的款式甚至是销售模式都要适应消费者的消费心理。同时，时装也是带有个人价值观宣扬和情绪发泄的物品，随着经济全球化和计算机网络通讯技术的发展和普及，各个国家之间的交流更加频繁，世界各地出现的文化活动、政治新闻事件和重大科技突破都会对人们的心里产生影响，进而影响人们的服装消费行为。现代社会人们每天浏览大量新闻资讯，生活节奏也很快，这就促成了人们对时尚风格快速转变的需求。除此之外，因为流行趋势和人们的精神与生活需求相适应，人们的精神受电影、音乐、书籍等方面的影响，这些影响就会促使人们选择时装的颜色、面料、款式、搭配等与心理和精神相符合。生活压力的增大、生活水平的提高使得人们对美的追求更加多元化，流行趋势的多元化将会加剧时装产品的频繁更替。随着生活水平的提高和社会的演变，人们对服装产品也提出了更加细分的功能性需求，比如：居家休闲时着居家服，运动时着运动服，朋友聚会时着小礼服，工作时着正装……这些促进了时装品类多样化。

现代人们对时尚流行趋势具有越来越敏锐的捕捉力，人们都希望自己所购买的服装是当下最流行的。设计师奥斯卡维尔德曾说："时尚只不过是一种令人不堪忍受的丑陋形式，所以，我们被迫每六个月就去改变它一次。"他的言语形象地描述了时装潮流的短暂性。这些都为服装界快销品牌的发展和崛起奠定了坚实的基础。香港中文大学经济学教授郎咸平总结国际快销企业说：时尚需要速度；快销时装品牌就是通过改变时尚速度，加快了时尚消费与淘汰的速度，打破时尚流行定律。也有人把时装的快销模式比喻为"食物保质期"，也就是说，时装新品像食物一样，保质期很短，过了保质期就变味道，不时尚了。而绝大多数的时装消费者——年轻群体的经济能力有限，所以，人们对量少、款多、价格适中的快销时装品牌有很高的期望。时装的快销模式也被很多专家学者所关注。

服装行业内的快销本质就是快速反应，极大缩短服装产销中的设计、生产、运输和销售的周期。快销时装品牌一般是通过快速捕捉流行信息、快速加工生产大货、快速进入卖场这样的快速反应机制来实现的。快销时装品牌都有"量少、快速、款多"的特点，其中快速反应是快销模式的核心灵魂。

目前发展得比较成功的都是欧美和日本企业，我们在这里给大家详细介绍两个比较典型的例子 H&M 和 ZARA。

二、ZARA

● 品牌简介

1975 年设立于西班牙的 ZARA，隶属于 Inditex 集团，Inditex 是全球排名第一，超越了美国 GAP、瑞典 H&M 的服装零售集团。ZARA 深受全球时尚青年的喜爱，因为它具备设计师品牌的优异设计，价格却十分亲民。Inditex 集团旗下共有 8 个服装零售品牌，包括 ZARA、Pull and Bear、Kiddy's Class、Massimo Dutti、Bershka、Stradivarius、Oysho、ZARA Home，ZARA 是其中最有名的。ZARA 平均每星期都要开设一家门店，到现在已经在全世界的 70 多个国家和地区开设了大约 5000 家门店。ZARA 选择在大城市中心区域最繁华的路段开店，然后将触角伸向周边较小城市。ZARA 产品类别包括：女装、男装、童装、鞋靴、帽子、围巾。

● 品牌发展历史

Inditex 集团的发展可以分为如下几个阶段：

1. 品牌自由发展阶段

1975～1984 年：1975 年，在西班牙拉科鲁尼亚市开设第一家零售门店，此时，集团创始人意识到生产和市场相契合的重要性。1976～1984 年，开始在西班牙各大城市开设 ZARA 分店，ZARA 的时尚概念得到大量消费者的肯定。

2. 海外扩张阶段

1985 年 ZARA 确定成为 Inditex 集团的子品牌。1986～1987 年，整个集团致力于 ZARA 连锁店的发展，为建设能够满足高速成长的供应链奠定了基础。1988 年，集团在葡萄牙波尔图市开设第一家海外门店，迈开了海外扩张的第一步。1989 年，打入美国市场，使得 ZARA 的时尚理念在全世界得到进一步的推广。1990 年，在法国巴黎开设第一家门店，打入法国市场。

3. 开始多元化阶段

1991 年，创立 Pull & Bear 连锁品牌，并买入 Massimo Dutti 集团 65% 的股份，开始将时装市场进一步细分。1992～1994 年，开始涉足欧洲一些较远的市场，分别在希腊、比利时、瑞典开设门店。1995 年，收购 Massimo Dutti 集团的全部股份，在上述两品牌 Pull & Bear 和 Massimo Dutti 中加入女装，并在马耳他开设第一家门店。集团逐渐壮大，相继在塞浦路斯、挪威和以色列开设门店，海外市场进一步扩张。1998 年，推出品牌 Bershka，向 14～24 岁的年轻女性提供非常便宜但又绝对时尚的服装，并以门店形式打入英国、日本、阿根廷、委内瑞拉、黎巴嫩、阿联酋、科威特和土耳其等国家。集团壮大和海外门店扩张同步发展；1999 年，Stradivarius 成为集团的第五个连锁品牌，并相继在德国、荷兰、波兰、沙特阿拉伯、巴林、加拿大、巴西、智利和乌拉圭等地开设门店。

4.建设物流王国和继续扩张阶段

2000年,又在四个新的国家开设门店,包括奥地利、丹麦、卡塔尔和安道尔,并开始在Arteixo建立新的总部大楼和配送中心,加大物流配送能力。2001年5月23日,集团设立Oysho品牌,并进入波多黎各、约旦、爱尔兰、冰岛、卢森堡、捷克和意大利市场。2002年,开始修建位于Zaragoza的物流中心,进一步增强自身的物流配送能力,协调较远市场的快速反应机制,并在萨尔瓦多、芬兰、多米尼加、新加坡和瑞士开设门店。2003年,开设ZARA Home门店;ZARA的第二家配送中心Plataforma Europa在Zaragoza落成,弥补了位于Arteixo的老物流中心的工作,同时集团在俄罗斯、斯洛伐克、斯洛文尼亚以及马来西亚开设门店。2004年,Inditex在中国香港开设集团的第2000家门店,同年,集团在摩洛哥、爱沙尼亚、拉脱维亚、罗马尼亚、匈牙利、立陶宛和巴拿马开设门店,至此集团的销售门店已经遍布欧、美、亚、非洲的56个国家。2005年,Inditex集团在摩纳哥、印尼、泰国、菲律宾和哥斯达黎加首次开设门店。2006年,进入中国市场。2009年一年,在中国开店达33家之多。

尽管近几年,奢侈品行业疲软,高端实体店业务也在不断流失,但ZARA似乎没受影响。据有关报道,Inditex集团2015年上半年利润猛涨26%,半年利润总额为12.9亿美元。根据2015年10月23日出炉的"福布斯全球富豪"榜单显示,长期位居第二的Inditex集团老板阿曼西奥·奥特加凭借787亿美元资产超越比尔·盖茨成为新晋世界首富。虽然这个纪录只保持了很短的时间,但凭借传统制造业能够登上首富宝座,阿曼西奥·奥特加仍然堪称奇迹。

● 成功要素分析

ZARA公司对服装产品的生产制造能够做到在不到两周的时间内,就快速制作并进行销售,这在服装业可谓极速。ZARA的营销模式非常独特,在战略上采取了快速、敏捷、多品类、小规模、大终端的竞争策略。

1. 新颖的产品定位

ZARA 作为快时尚的鼻祖，品牌定位成功区隔了市场。它定位于中低价位却拥有中高级质量的国际性流行服饰品牌，以中高消费者为主要客户族群，让低价服装也可以像高价服装一样入时好看，满足了消费者追求流行不需要花大钱的心理。其多品类、小规模的产品结构很好地抓住了人们追求个性的心理需求。

2. 新品研发人员是买手而不是高级时装设计师

ZARA 有近 400 名设计师，其中大多经过买手培训。这些设计师经常穿梭于各种时装发布会和出入各种时尚场所，在全球范围内搜集流行信息进而效仿推出高时髦感的时尚单品，而且速度之快十分令人震惊，每周两次补货上架，每隔三周就要全面性地换新，全球各店在两周内就可同步更新完毕，极高的商品更换率，也加快了顾客的回店率，因为消费者已于无形中建立起 ZARA 随时都有新东西的重要形象。虽然，每年 ZARA 都要向那些顶级品牌支付几千万欧元的侵权罚款，但 ZARA 并没有因此放弃这种设计模式，显然从中赚取的利润要比被罚款的数额高得多。

3. 高效快速反应的供应链

ZARA 之所以能达到今天的成绩，其中最主要的因素是高效、快速反应的供应链。其供应链的建成离不开垂直出货（Vertical Integration）模式的采用；离不开建立起来的强大的物流王国，同时，IT 和通信技术的应用使组织内部部门间和人员间的交流沟通更加便捷、有效，使得 ZARA 快速收集市场信息、快速决策、控制库存并快速生产、快速配送的运作模式得以实现；模仿而不是创造也节省了产品的研发时间。所有的远程运输都选择飞机，而不用货船，为了追求快，ZARA 可谓牺牲了很多的成本。新款上新平均为 2 周一次，因此以 ZARA 为代表的快时尚品牌一年可以有 15～20 个 Collection。

4.特创的上新、补货策略

为给顾客不断提供紧跟时代潮流的平价服装，ZARA需要持续开发新款。为了避免不合理库存的产生，ZARA采取了三种措施：首先，协调所有门店的补货节拍。并且，在全球调配系统下，执行周期性的补货，有利于产品在各门店之间调配，减少库存。其次，发出新品订单。ZARA门店经理负责查看门店货品销售情况，然后根据下一周的需求向总部下达新品订单，如果出现货品积压，就由门店经理为这些库存埋单。这样，层层订单之后，就会形成牛鞭效应。最后，构建人为缺货。其每种款式如同限量版的奢侈品一般，在每个专卖店的数量都仅有几件；销量好的产品会增加产量，但不会增加太多，从而避免因需求低所导致的库存积压和产能闲置，另外，ZARA还会刻意保留一些额外的产能，以解决需求高而导致的缺货超出供应链柔性所承受的范围等情况。同时，这种根据已有门店销售数据来决定卖场上哪些款和每款生产的数量也更科学有效。

● 发展趋势

Inditex的财报显示，集团盈利能力在2017年1月降至8年内最低点。财报强调了快时尚品牌正在面临的挑战，包括价格下降、服装成本上升、竞争加剧等。ZARA 2016～2017年间的发展也暗示了这个行业面临越来越多的变动。

1.流通渠道升级

2017年年初，ZARA将位于成都市区核心地段总府路乐森购物中心的旗舰店正式关闭。这家开业于2011年年底的门店，是ZARA在中国开设的第一家以全新店铺形象打造的门店，也是昔日中国区最大的一家旗舰店。该店整整占据了三层楼，总面积超过3000平方米，而这个黄金位置的上一任"房客"是LOUIS VUITTON和DIOR。在ZARA入驻之前，乐森购物中心一直定位高端，主要驻扎着一批奢侈品牌。关店的原因，并非服装业内通行的利润下跌，而是ZARA在流通渠道的主动选择。乐森购物中心是传统的百货商场业态，随着体验式现代购物商圈的突起，ZARA 体验店也逐渐取代了原来的旗舰店。

2. 增长速度放缓

《华尔街日报》2016 年报道，Inditex 的线下零售增长速度是放缓的，6%～8% 的增速不及预期的 8%～10%。

Inditex 首席执行官 Pablo Isla 此前表示，放缓门店扩张速度并不意味着公司将不重视实体零售业务，而是公司在资源分配上，会优先考虑那些占地面广、处于黄金地段且在主要大城市的旗舰店。随着 ZARA 的门店扩张更加精细化，关闭业绩不佳的店面也就在情理之中了。

3. 加大线上推广力度

增加电商渠道、收缩线下渠道也是快时尚品牌们一致的选择。与优衣库这两年依然保持疯狂扩张不同，ZARA 早在去年就透露会放缓店面扩张，将注意力更多地放到线上渠道。

Inditex 首席财务官 Ignacio Fernández 曾对媒体表示，现在消费者在不同的渠道上买东西，集团更倾向于所有渠道的合作。他说："举个例子，对于 Inditex 来说，超过三分之一的人会在网上下单后到店内取货，三分之二的人又会当场把货退掉。消费者如果在网上找不到合适的尺寸，也会去店里逛逛。"

4. 消费升级带来优胜劣汰

消费升级的浪潮正在国内席卷，随着国内消费群体购买力的增强，目光也在瞄向更多国外的设计品牌，质量不稳定、喜欢抄袭其他品牌的 ZARA 自然不再是消费者的首选。据时尚头条网的统计，自 2016 年以来，ZARA 在中国市场销售的衣服售价平均下降了 10%～15%，某种程度上 ZARA 自然也感觉到了在国内服装市场的竞争压力。

5. 更"快"的挑战

"快"向来是以 ZARA、H&M 为代表的快时尚品牌的制胜法宝。而如今，以快著称的 ZARA 们也迎来了自己的挑战者，后来者似乎正试图将对速度的追求进一步上拔到一个新高度，有外媒将此称作是"超快时尚"（Ultrafast Fashion）。

Boohoo、ASOS、Missguided 这些时下"超快时尚"的典型代表，正以更疯狂的节奏响应消费者对于及时性、新鲜感的追求，它们将商品的生产周期压缩到了在 2～4 周，而老一辈的快时尚 ZARA、H&M 们则需要大约 5 周的时间，更传统一些的服装零售商的商品周期则更是长达 6～9 个月。

Boohoo 和 ASOS 这类平价零售商，拥有强大的电商运营能力及技术能力，而快时尚公司直到近年才真正大力发展线上业务。Fung Global 的报告指出，"超快时尚"零售商避免了以往零售商在产品短缺和库存过剩方面的困境，他们把控的是一条非常灵活的供应链，能快速匹配存货与需求，并在"折价"与"供应不足"中达到平衡。

三、H&M

- 品牌简介

埃林·佩尔森（Erling Persson）1947 年在瑞典的维斯特罗斯开设了自己的第一家服装店 Hennes（女士的），当时这家店只售女士服装。1968 年公司并购了销售狩猎装备和男士服装的毛里斯·维德弗斯（Mauritz Widforss）服装店，之后公司也开始销售男士服装。

瑞典 H&M 公司（Hennes & Mauritz AB）是欧洲最大的服饰零售商，在世界多个国家设有分店，以价廉物美闻名。在全球 54 个国家销售服装与化妆品，共有超过 3300 家门店，超过 116000 名员工。不一样的是，H&M 没有自己的工厂，它与在亚洲和欧洲的超过 900 家独立供应商保持合作。H&M 由六个独立品牌组成：H&M、COS、Monki、Weekday、Cheap Monday 和 & Other Stories。

- 发展历程

H&M 的发展历程大致分为三个阶段：

1. H&M 品牌和产品线完善阶段

H&M 创立者佩尔森的一次美国之旅，激发了他开设一家以低廉价格提供高档时尚女装服装店的创意。后来就有了在维斯特罗斯的 Hennes 服装店，这也正是 H&M 的前身。20 世纪 60 年代中 Hennes 扩张到了瑞典大部分地区，1964 年和 1967 年又在临近的挪威和丹麦开辟了新的市场。为了进一步扩大在斯德哥尔摩的市场份额以及扩充产品线，1968 年佩尔森收购了 Mauritz Widforss，因此获得了其男装业务。这之后的 Hennes 更名作 Hennes & Mauritz 并一直沿用至今。其后几年中 H&M 又陆续增加了儿童、青少年乃至婴儿装的产品线。

2. 品牌在欧洲及美国扩展阶段

20 世纪 70 年代的 H&M 开始向北欧地区以外的欧洲国家扩张。1976 年在英国开设分店，之后又将业务扩张到瑞士和德国。1982 年，埃林·佩尔森的儿子史蒂芬·佩尔森（Stefan Persson）接替了父亲的职位。此后的 H&M 定位更加潮流时尚，迎合了年轻人的追求。20 世纪 90 年代后荷兰、比利时、卢森堡乃至奥地利都迎来了 H&M 的分店，而直到 1998 年 H&M 才在时尚之都巴黎开展自己的业务。1999 年年底，H&M 宣布将会进入西班牙市场，这意味着它将要与和自己定位相似的 ZARA 相抗衡。2000 年，H&M 来到了自己创意的诞生地美国。

3. 品牌在亚洲扩展阶段

直到 21 世纪，H&M 才开始拓展其在亚洲的业务。虽然在 1990 年代 H&M 已经在香港开设办公室，为其在香港拓展业务，但直到十多年后的 2007 年首家门店才正式在香港开业。同年 4 月，大陆首家 H&M 店在上海开业。2008 年 8 月 30 日华南地区设立的首家分店在深圳开业。同年东京首家店铺开业。2009 年，H&M 在北京开设了四家分店，到 2014 年已有 20 家门店。

● 商业运作模式

1. 准确把握和深度挖掘顾客需求，确立有吸引力的价值主张

专业机构 Verdict Research 调查指出，1995 年以来，服饰平均价格下跌了 34%，但同时女性购买服装的件数却增加了一倍。这表明，消费者更加关注时尚的潮流和面料、款式的变化，购买的衣服在不断增多，但穿着的次数却越来越少。受国际金融危机的影响，目前时装消费市场正呈现出向"奢华"与"省钱"两个极端挪移的状态，在"奢华"一端，少数消费者不惜高价购买高品质和体现个性特征、能满足个人情感需求的产品和服务；而在"省钱"一端，众多消费者则尽可能地寻找低价高品质的服装，但仍然力图跟上时尚的潮流。

为了满足大多数消费者对于平价时尚的渴望，H＆M 确立了"廉价时尚"的品牌定位，将时尚奢华多变的品质与大众能够接受的平价相结合，实现了像麦当劳卖汉堡一样销售时装的商业运作模式。H＆M 设计总监玛格丽塔认为："只有被大多数人所接受，才是真正的时尚。"公司第三代领导者史蒂芬·皮尔森也提出了"以最优的价格提供流行与品质"这一价值主张。具体做法是：在保持品牌固有的低价位的基础上通过与著名设计师携手加入时尚流行元素；通过混搭方式与奢侈品牌进行组合搭配；继续对产品强化全面检测和质量控制，包括：拉链纽扣的牢固性、燃烧性能、面辅料的化学物理性能、尺寸的准确性等，同时特别注重产品生产过程中，不得使用添加有害人体健康及危害环境的化学物。

2. 实施"快速、多款、少量"的产品结构策略

据经济学家分析，一款新电脑平均每天贬值 0.1%，而一款服装平均每天贬值 0.7%。如果能提前 10 天卖出去，就能少贬值 7%，毛利率也会增加 13%。H＆M 深谙"时间就是金钱，时间就是速度"的道理，并利用先进的管控模式和信息现代化技术加以实施。

（1）"快速"是 H＆M 产品设计的目标。H＆M 的设计团队总是像停不

下来的蚂蚁一样在街头、音乐会、影视剧等一切可能的地方寻找灵感，有时候，他们甚至不相信来自 T 台的信息。H＆M 通常在一年前已经由设计部及采购部开始规划潮流趋势和时尚新品，公司会派人参加全球各大时尚之都的春夏季时装周，以获取流行信息和元素，然后迅速融入自身的设计之中。一件与 Chanel 当季风格相似的 H＆M 时装，从设计到出现在专卖店里只要 20 天，可以满足消费者及时选购的需求。通过计算机信息网络技术，全球超过 1500 家 H＆M 专卖店每天都在以如此快的速度更新产品，其影响力肯定是巨大的。比 H＆M 更快的只有西班牙的快速时尚品牌 ZARA，但 ZARA 的售价要比 H＆M 高 30%～50%，店面数量也少于 H＆M。而美国 GAP 品牌同类衣服的设计制作周期则需要一个月。

（2）"多款"能够适应时尚潮流变化频繁、周期短的特性。H＆M 具有丰富的产品线，从基本服装到经典款式，再到时尚前沿；从儿童、少年、青年到成人；从淑女到孕妇等，涵盖领域很广，加上所有款式的配色齐全，因此使得消费群体变得愈加庞大。H＆M 创意总监玛格丽塔不愿意将产品范围只限定在男性或女性，而是当作"一种人，一种追求又便宜又好的产品的人"。她说的其实不是 H＆M，而是 H＆M 的顾客。在设计方面，玛格丽塔强调抄袭是严厉禁止的，H＆M 还有着另外一些禁忌：产品绝不允许出现"性"的字眼，绝不过分前卫。

（3）"少量"则能够保持品牌的低库存率、高淘汰率。这种方式可以创造出一种商品的稀缺状态，从而诱发顾客潜在的购买愿望，培养一大批忠实的追随者和偏爱者。

3. 坚持低成本运作

H＆M 的企业文化是：事必躬亲，勤俭持家。它虽已是全球扩张速度最快的服装品牌之一，市值超过 60 亿美元，可公司成员不管级别多高，外出乘飞机不坐头等舱，除非有紧急情况；打车，也是不被赞许或提倡的行为。据说 20 世纪 90 年代，公司为了削减管理开支，总裁斯特芬·帕森曾禁止管理层使用手机，如今也只有少数高级职位的管理人员可以享用手机费用报销的特权。

H&M不拥有自己的工厂。它早已把整个生产环节外包给全球700多家服装生产商，其中60%在亚洲，近40%在欧洲，其余少量的生产企业分布于世界其他国家和地区。H&M买最便宜的布料，所有加工点都选在劳动力最便宜的地区，比如中国、土耳其等，H&M坦率承认这一点。1997年H&M曾公开承诺，所有商品全部标注生产地。总裁斯特芬·帕森说："为发展中地区带来积极影响的方法，就是到那里去，买他们的东西，给他们工作。"

其实，生产外包除了具有降低成本的作用外，还能适应产品特点，划分生产层次，整合和优化销售供应链。H&M把数量少且流行性强的产品放在欧洲生产，交货期短，能让时装的最新潮流款式快速发运至本土主要市场；而常规款式的时装和童装主要安排在亚洲生产，因为这些服装流行性不强，对上市的时间要求不高，经水路运输还可以降低成本。

4. 通过广告宣传和名人造势开拓市场

广告宣传是开拓市场的有效手段，而利用名人效应开拓市场能起到事半功倍的效果。在进军中国市场时，H&M做广告的钱也没少花，且采取多元化的策略。例如在上海淮海路嘉丽都商厦的外墙上挂巨幅海报；在申城各个公交站点、顾客购物袋上印制广告标语；发表介绍H&M历史及与其他品牌竞争的软性广告文章等。此外在广告内容上，H&M极力突出低价策略：一二十元人民币的时尚耳环、手镯等小饰品；几十元人民币的T恤；百元人民币左右的上衣；近两百元人民币的精致连衣裙和外套等，无不吊足了众多消费者的胃口。

在名人造势方面，H&M也做足了文章。2004年，时尚界教父级人物，Chanel和Fendi品牌的首席设计师，法国人Karl Lagerfeld隆重登场，他与H&M的联袂合作，昭示了混搭时代的到来，设计新品上市仅一个多月就令H&M的销售额飙升了24个百分点；2005年，H&M专门请来了意大利名模Mariacarla Boscon为Stella McCartney系列代言，当月销售额就增长了

17%；2007年，H&M邀请国际流行乐坛的大姐大麦当娜和天后凯莉·米洛格分别代言淑女装和沙滩装，把全世界H&M购物迷的热情煽动到了极点；同年4月12日，H&M在中国大陆首家专卖店——上海淮海路店开张，凯莉·米洛格到场献声，并进行为期5天的品牌推广。另外，还邀请赵薇、莫文蔚等30多位国内一线文艺明星助阵。这些举措令H&M在国内迅速蹿红，知名度得到了很大的提升。据称H&M淮海路专卖店开张的当天，营业额达到200万元人民币，相当于国内200个服装品牌日销售额的总和。H&M既让大众接受，又准确抓住了自诩清高的精英们的要害，利用名人效应吸引拉拢他们，不断丰富不同层面的消费群体。

5. 营销选址强调"含金量"，手段突出"别样化"

H&M在店铺选址上，素来注重选择人流密集、商业活动频繁、知名品牌扎堆的地段，无论是香港的皇后中路，还是上海的淮海中路，都是如此。尽管坐落于此类高档地段要付出高额的成本费用，但出于迅速确立品牌形象、提升品牌知名度、进一步扩大品牌辐射面的需要，H&M更看重地段的"含金量"。

H&M上海淮海路专卖店开张营业后，坚持采取排队进店购物的"别样"做法。在正门一侧的入口处，有三名保安把门，每一位消费者要排30分钟的队才进得店内。在店内选购服装，等待试穿也要花去30分钟左右的时间。据称此举有提升品牌口碑、聚敛人气的功效。

正是凭借着上述商业运作模式，H&M在竞争日益激烈的国际时装市场上纵横驰骋、所向披靡。即使是在行业不景气的2003年，H&M的经营活动仍然创造了50%的净利润，并达到75%的扩张率，这是公司有史以来的最高点。此后，H&M保持了每年新增10%～15%分店的扩张速度，国际影响力也在与日俱增。

● H&M和ZARA比较分析

作为快速服装生产商，一样都是小批量、多款式的产品设计和生产模式，都有快速和反应敏感的供应链，但和ZARA垂直供货模式不同，H&M

会把产品根据时尚程度和要销往的市场放在全球不同地方生产，这使 H & M 的成本稍微低一些，但是供货周期比 ZARA 长 4～5 天，所以 H & M 的产品比定位相似的 ZARA 还要便宜一些。可以说 H & M 和 ZARA 是各自在不同的方面满足顾客需求，前者是在日常穿着和使用上，后者是在设计上。在运营上面，H & M 注重低成本，ZARA 注重产品更新速度。

目前 H & M 和 ZARA 都在尝试把家居系列产品引入中国，如此既能发挥其在时装和面料开发上的经验，又能迎合消费者"平价时尚"的心理，但是能否把握机会，关键还要看企业能否不断创新，不断满足消费者的需求。

H & M 和 ZARA 模式也存在一定的弊端：因为店铺很大部分是直营店，虽然便于日常的高效管理，但是运营风险比较大，如果一旦出现经济衰落或者行业不景气，所有压力都要自己承担，无法将压力转移给供货商。并且资产也有一部分需要投资于新店铺和已有店铺的翻新整修，降低了资产周转率。

● 信息来源

[1] MBA 智库百科：ZARA 词条

[2] 新华网：ZARA 老板重回世界首富　传统服装业大佬的奇迹

[3] 钛媒体：昔日中国区最大的 ZARA 旗舰店关了　谁拖累了 ZARA

[4] 虎嗅网：干掉 ZARA 的第一步？大概是比它更"快"些

[5] 百度百科：H & M 词条

[6] 志骥的博客：时尚品牌 H & M 的商业运作模式分析

● 读者思考

（1）在快消品牌中，ZARA 的运营有何特色？

（2）ZARA 的制胜秘诀有哪些？

（3）ZARA 未来发展面临哪些挑战，有何建议？

（4）如何评价 H & M 和 ZARA 两个品牌不同的经营模式？

（5）如何评价 H & M 联名合作系列的市场表现以及对品牌的价值？

（6）H & M 在中国的成功秘诀是什么？

第二节 中国本土的快销服装品牌

一、理论导读

随着全球经济一体化和人们生活水平的提高，时装作为国人日常消费品在市场占据越来越大的份额。随着外来时装企业和品牌的进入，国内服装市场的竞争越来越激烈。特别是国外时装品牌H&M、ZARA和优衣库等快销品牌的进入，对国内时装产业造成了很大的冲击。这些国外快销品牌以时尚的款式、平民的价格和货品快速的更迭速度，迅速收买了中国的消费者，尤其是年轻群体。

本土服装品牌依旧靠扩张渠道作为最直接的利润增长来源，这种粗放式的增长已经不再适应市场化的需求。目前，国内已经有很多企业注意到了快销模式带来的变革，中国服装企业需要突破思维僵化的瓶颈。我国时装企业大都存在企业内部信息滞后和供应链反应不灵敏等问题。这也让国内很多服装企业反思自己的供应链，以及怎样面对瞬息万变的时尚潮流。中国本土服装品牌该如何应对呢？怎样改进时装企业的运营机制和销售方式来获得更多的市场先机？本土企业应该学习国外快销时装企业的先进模式然后结合本土优势，不断突破，走出一条中国快销时装品牌的新路子。

日本、欧洲及美国性价比高的快销服装品牌不断步入中国，培养了中国消费者对于快时尚品牌的需求，同时，也催生了以MJstyle和Me & City为代表的中国本土相似品牌的诞生。这些品牌近年表现抢眼，迅速占领了中国的快时尚市场，成为时尚界黑马。

二、Me & City

● 品牌简介

Me & City 是上海美特斯邦威服饰股份有限公司筹划数年之久于 2008 年秋季推出的高端城市系列。随着之前 80 后目标群体的成熟和都市生活的日益普及,原本的产品线覆盖范围开始显得狭窄,美邦开始向时尚商务服装延伸,Me & City 就定位于此,目标消费群体是 18~35 岁的都市白领。同时,Me & City 也会以独立品牌的形式运作。美特斯邦威董事长周成建在一切与 Me & City 有关的事务上都刻意保持低调。他小心翼翼地区隔着这两个品牌:在创立 Me & City 之初,他就要求两个团队完全独立,即使在美特斯邦威总部,这两个品牌的经营团队也被一条小河隔开,宛如两家公司。他更希望 Me & City 在他人眼中具有国际品牌的特质——它只是"凑巧"会在中国最先发展起来而已。他要挑战的是 ZARA、H & M 等全球最成功的快速时尚品牌。周成建说:"学到它们的长处,我们就有机会在中国超过他们。"这也可以看作是美特斯邦威本土品牌对国外快销时装品牌的有力回击。

目前,Me & City 男女装各推出 6 个系列并包括服饰配件。男装方面,6 个系列分别为 Casual(休闲)、Chic(精致)、Formal(商务)、Rock(都市摇滚)、Funky(英伦街头)以及 Basic(基本经典)。女装目前也有 6 个系列,分别为 Casual(休闲),Chic(精致),Office Ladie(商务),Rock(都市摇滚),Funky(英伦街头)以及 Basic(基本经典)。部分店面有酷感十足的 Kids(童装)系列以及 Limited-Unlimited(限量—创意无限)系列。

● 品牌发展策略

1. 店址选择

周成建对自己在快时尚市场充满信心,Me & City 推出之后,在 2008 年秋冬于全国各地美特斯邦威的大型店铺中以店中店形式推出。它在 2009 年一年之间就开出 80 余家店面。2010 年年中，总的开店数已超过 100 家。选择的开店方式是"品牌切换"，就是将美邦的店铺直接替换为"Me & City"品牌门店，另一部分则是选址紧邻美邦。目前它在全国有门店 700 多家，这样的扩张速度很快——更早进入中国市场的类似品牌 ZARA、H & M 当时在大陆地区也只有三四十家店面。周成建希望 Me & City 能够后来居上，他首先在门店数量上做到了这一点。在部分二线城市，Me & City 也的确比它的国际竞争对手更早地成为了快速时尚消费的代名词。

2. 看重店面装修，注重购物体验

Me & City 店铺由意大利著名设计公司 Vudafieri Partners 打造，很好地诠释出了 Me & City 的"年轻、都市、优雅摩登"。Me & City 希望强调每一天中的不同场合，这些场合由 Me & City 各个系列来进行演绎。设计师认为，Me & City 与其他品牌最主要的区别就是：一家中等价位的时装店就其店铺环境而言本身就为消费者带来了一种重要的体验，而不再仅仅是一个标记有传播讯息的功能性空间，品牌时尚无疆界的精神与当代潮流的审美情趣相互柔和，缔造出摩登而人性化的品味空间，这在中国应该尚属首例。身处 Me & City 的旗舰店，你会觉得非常舒服，它堪称完美的购物空间。

3. 巧妙运用事件营销宣传

周成建认为打造一个国际化的品牌，起点时的形象很重要。所以，一开始就毅然决定以好莱坞一线明星为代言人。2008 年，Me & City 邀请了当时最有时尚力和号召力的明星——《越狱》男主角温特沃斯·米勒和拥有巴西土著后裔血统却神似亚洲人的名模布鲁娜·特诺里奥为品牌代言人。2009 年秋冬系列的广告大片由 Ellen Von Unwerth 掌镜，阿格尼斯·迪恩、裴蓓、Cole Mohr、卢克·沃格四位 IT GIRLS 和 IT BOYS 出演。2010 年春夏季广告主角为奥兰多·布鲁姆。2010 年秋冬广告由 Abbey Lee 和奥兰多·布鲁姆在伦敦拍摄，著名摄影师 Emma Summerton 执镜。2010 年起与日本新锐插画家大桥美由纪合作，推出四款以城市为主题的摩登购物袋。2011 年

邀请到前法版 *Vogue* 主编 Carine Roitfeld 的女儿——被称为法国时尚公主的 Julia。Me & City 斥巨资邀请明星代言来营造品牌时尚形象，这和 ZARA 等国际快时尚品牌的宣传方式有一定的相似之处。

● Me & City 面临的困难

Me & City 一开始店址的选择和初衷是相矛盾的。首先，起初美邦期望通过 Me & City 解决门店盈利问题，等到职业休闲服装领域做大了，再行剥离，独立运营。这是美邦的如意算盘。但这一决策没有注意到美邦现有的目标人群和 Me & City 的目标群体之间不存在太多的重叠，Me & City 根本无法借势到美邦的现有客流，这就失去了终端合并的最大意义。由此带来的销售损失，可能远远大于终端合并带来的经营性财务收益。很难要求相对小资的白领，混在学生堆里挑衣服，特别是在一个典型的、弹性需求的、冲动性购买的服装行业市场。其次，美邦品牌针对的是中低端市场，Me & City 是其后来推出的高端品牌，但其店铺选址等却和原有的品牌印象捆绑在一起，消费者存在的固有印象，损害了品牌的中高端形象。更何况，本来品牌向上延伸就存在很大阻力。最后，开设在黄金地段的大店虽然对营造品牌形象有相对优势，然而高昂的租金，又令品牌的亏损度远远高于这些所谓的"优势"。

国外快时尚品牌最核心的优势就是周期短、不间断、快速大量更新服装款式。从对流行的判断，到设计、生产，再到货品上架，这一供应链的运转周期，是快时尚公司运营效率的重要评判指标。ZARA 的这一周期为 30～40 天。Me & City 则需要 70～80 天。但周成建并不认为 Me & City 在这方面的能力逊色很多。ZARA 门店每两周就会到来一批新的时装，不用担心断货情况的发生。Me & City 一开始制定的每个月更换货品的比例在 30% 左右，但随着时间的推移，这一比例逐渐下降为 20%、10% 甚至更低，已经"快"不起来了。另外，快时尚品牌如 ZARA 实行的是全球买手制，其款式可以实现持续更新，而美邦并不具备这样的系统运作流程。最后，美邦一直想通过加大直营店比例等策略来提高管理能力，解决库存顽疾，但仅仅靠这些，想做好快时尚还不够。ZARA 快时尚的成功，不仅仅只是对销售渠道的把控，而是从设计生产到销售和售后反馈一整条供应链的高效把控。不能只学习表面形式，要学习他们的精细化管理方式，真正建立起反应敏捷快速的供应链模式。周成建也承认 Me & City "整个供应链协同性还没有理顺"，而供应链的管理正是一个快速时尚品牌的立身之本。

Me & City 每年正式在店内更新的款式有 2000 款左右。这 2000 款服装当然不会全部进入每一个 Me & City 的门店。各门店店长会定期更新自己的进货单：他们会在一张表格之中，选定自己认为会得到顾客认可的款式，并确定这个款式每一个尺码的数量，以及供货不同批次的时间。顾客能否在 Me & City 选择到合适的服装，与店长的眼光、判断有着直接关系。所以店长对卖场时装款式和数量有很大的决定性作用。这种由基层管理者来把控而不是通过数据采集分析决定卖场产品款式和数量的方式，是不利于卖场良性运转的。

我们可以看到，Me & City 在营销、设计、管理等方面依然面临诸多调整，内部运营效率以及顾客认可度都比国际品牌低很多。但无论 Me & City 的快时尚道路能否走得通，对想走快时尚路线的其他国产大众品牌都有一定的借鉴作用。Me & City 几大发展战略也没有协同作用，或许还是处于品牌、定位、组织战略的混沌期造成的。而也正是 Me & City 告诉我们，在服装行业，除了模仿和大胆尝试，创新和准确的定位才是关键。

三、TOPFEELING

● 品牌简介

中国本土新晋时尚品牌 TOPFEELING，中文名朵菲，是上海笕尚服饰旗下另一品牌 MJstyle 的精品迷你店，其所有产品都是从 MJstyle 里完美精选出来的。TOPFEELING 定位：集合欧美、日韩等时尚前沿风格，全球化、多元素相互融合，适合 18～45 岁的时尚潮流一族，价格定位：19～799

元。凭借雄厚的资本力量,以及研发、生产和加工能力,立志成为中国最具风格的时尚品牌。高频率推出极强时尚服饰单品的TOPFEELING为追求百变造型、紧跟潮流的年轻时尚一族提供着款式丰富、精美又可轻松购买的时尚服饰。

该品牌的成长立足于上海,营销网络遍布全中国。公司布局一二线城市的同时,将重点发展经济较好的三四线城市,计划在全球未来5~10年内开设3000家TOPFEELING实体店。TOPFEELING的渠道架构相对比较灵活,能适合150平方米以上300平方米以下的各类业态商业铺位,以更便捷、更全面的服务满足各地时尚人士的需求。其产品紧跟国际时尚潮流,迎合市场需求,价格平易近人,注重为消费者创造最具个性的舒适购物氛围,在各业态的购物广场和社区卖场中都取得了良好的销售业绩。力图通过实施战略化扩张迅速占领快销时尚领域。

● 品牌运营模式

目前全国门店主要以加盟为主。运营模式如下:

(1)配货制、零库存。根据店铺实际运营情况科学合理分配货物。

(2)专业货控分析团队,合理快速补货调货。

(3)快速物流体系,实现最高效的上货速度。

(4)专业的远程终端管理团队,全年全国店铺督导、现场支援≥4次。

(5)保证客户50%的毛利率。

TOPFEELING这一快时尚界的新星,在拥有其他国际快时尚品牌的优势之余,不断创新,大胆开创新型经营模式,以每周至少两次创新的"快飞"速度,使品牌成立一年多即坐拥200余家店面。

● 品牌简析

公司总监何斌认为,要在目前的服装市场中占据一席之地,最重要的是需要有敏锐的时尚嗅觉以及对市场的快速反应,坚持商品满足市场需求才是品牌的核心诉求点。同时以年轻消费群为核心宗旨形成了一支与国际品牌抗衡的快时尚力量。正是在何斌这种理念的支撑下，MJstyle 快速成长，突破众多国际品牌的重围，如同中国时尚界的一匹黑马，以后来居上的姿态成为人们瞩目的焦点。

中国本土服装品牌在个性化、运作市场化等方面还有很大的利润挖掘空间。MJstyle 深谙此道，不断发挥自己的品牌特色，把昂贵的奢华品牌所具有的品质与快时尚不昂贵的价格完美结合，异军突起，形成一支能与国际品牌抗衡的中国本土快时尚力量。快时尚市场上真正的较量开始了。我们期待这匹中国时尚界杀出的黑马带给我们惊喜！

● 信息来源

[1] 百度百科：Me & City 词条

[2] 中金在线：Me & City——整合全球资源　保持大量款式更新

[3] 和讯网：Me & City 撤柜风波的冷思考：美特斯邦威"快时尚"不够快

[4] 中国时尚品牌网：TOPFEELING 词条

[5] 中国时尚品牌网：快时尚新星 TOPFEELING

● 读者思考

（1）Me & City 的快时尚策略与其他国内外同类品牌的差别有哪些？

（2）如何评价 Me & City 的品牌定位？

（3）根据 Me & City 面临的困难，提出发展建议。

（4）如何评价 TOPFEELING 的品牌定位？

（5）Me & City 的快时尚策略与其他国内外同类品牌的差别有哪些？

第六章

特色

——品牌服装企业特色化经营经典案例

第一节 特色的产品形成核心竞争力

一、理论导读

特色化经营是使企业所提供的产品或服务具有与众不同的特色,这种特色可以表现在产品或服务的设计、功能、质量、售后、营销方式、店铺设计等方面。特色化经营的出发点在于顾客满意和市场需求,企业应该全方位地创造和保持自己的特色包括思路特色、管理特色、功能特色、产品特色、质量特色、服务特色、宣传特色等,最终形成企业个性形象,获得相对竞争优势。因此,特色化经营也叫差异化经营。

马克·麦高梅在其著作《商场圣约书——从哈佛学不到的血汗经验》中写道:"任何高层次的复杂的竞争,几乎都是脑力的竞争,我们称之为商业的心灵竞赛。"俗话说:"注意力就是金钱。"企业经营管理者要善于从各种信息中挖掘对自己经营有用的信息,从而转变成自己的特色,提高自己的创新能力和核心竞争能力。例如,日本服装品牌优衣库(UNIQLO)就主张:"服装本身是没有个性的,只有通过穿着的人搭配才能体现个性。"优衣库生产和销售适合所有人穿着的衣服。走在优衣库的店铺里,入眼的全是基础款式的衣服,从儿童服装到成人服装,没有复杂的花纹和纷繁的设计,而这种"没有个性"的服装成为了如今服装市场上最特别、最个性的服装。1998年10月,优衣库以摇粒绒掀起话题,而这种摇粒绒服装一直风靡至今,在每一季的设计中仅仅是对款式进行微调。

美国哈佛商学院教授迈克尔·波特认为企业的竞争战略分为成本领先、

标新立异和目标集聚。这三个战略可以用一句话来概括——差异化经营。这就告诉我们：一个企业一定要有自己的特色，尤其是产品特色。比如：中国台湾服装品牌夏姿·陈一直致力于将西方面料剪裁与东方文化融合在一起，品牌设计师王陈彩霞更是坚持"让世界把东方文化穿在身上"的伟大梦想，提供特色服装产品以及创意设计，从而发展成为一个世界级精品时尚品牌。

二、UNIQLO（优衣库）

● 品牌简介

优衣库是日本最大的休闲服装制造零售企业迅销集团旗下的核心品牌，同时也是全球十大休闲服饰品牌之一。优衣库的英文名称是UNIQLO，由英文单词Unique（独特的）和Clothing（服装）组合在一起而得出，体现了其"平价优质"的经营理念。优衣库的母公司迅销集团有着自己独特的使命："创造真正优质、有价值的服装，让所有人能够享受优质服装带来的喜悦、幸福和满足。"

优衣库现任董事长兼总经理柳井正在日本首次尝试在服装店采用仓储式自助购物的方式出售服装。1984年6月，优衣库1号店（图6-1）在日本广岛市开张，以"UNIQUE CLOTHING WAREHOUSE"命名，采用仓储型店铺和自助式服务的经营管理模式，将迅销集团的行动准则（开展一切以顾客为中心的经营活动）发挥到了极致。

图6-1　优衣库1号店

● 发展历程

优衣库是日本著名的服装品牌，由迅销集团建立于1963年，最初是一家经营西服的小服装店，现在已经发展成为国际知名服装品牌。2012年，优衣库成为全球第四大快时尚品牌，仅次于西班牙品牌ZARA、瑞典品牌H&M、美国品牌GAP。

1982年，柳井正还是优衣库的专务董事，他在美国考察时，受到美国仓储型自助购物方式的启发，提出将这种方式引入服装店的销售中，通过特色商品设计、仓储型自助购物模式，实现店铺的低成本经营。

1984年6月，优衣库1号店在日本广岛市开张。虽然当时的日本正处于经济萧条期，但是优衣库还是凭借特色的商品以及独特的销售模式得到了大量关注。并且于1985年新开了优衣库路边店铺，而这一店铺也成为此后优衣库店铺的原型。

1998年，优衣库以售价1900日元（约合人民币266.46元）的摇粒绒掀起话题。当时，摇粒绒面料是被国外厂商垄断的，进口成本很高，一件摇粒绒外套在其他品牌店铺中卖到5900日元（约合人民币827.42元）。而优衣库经过与日本东丽公司（优衣库的面料供应商）的合作研发，大大压缩了成本。1999年，优衣库针对同一种款式的摇粒绒外套开发出了15种不同的颜色，使得这一产品在1999年冬天达到了2600万件的销售量，更使优衣库成为日本最大的服装零售商。同时，优衣库在这一年选择了上市。

2001年，优衣库迈出了海外扩张的第一步，在英国伦敦开设了店铺。2002年9月，在上海开设了中国第一家店铺。2005年9月，在韩国的首家门店于首尔开业，同年，优衣库在美国的首家门店于新泽西州开业。2007年，优衣库在法国的首家门店于巴黎市郊开业。2009年，优衣库在新加坡的首家门店于淡滨尼区开业。2010年，优衣库在俄罗斯的首家门店于莫斯科开业。2011年，优衣库在泰国的首家门店于曼谷开业。2013年，优衣库在印度尼西亚的首家门店于雅加达开业。2014年，优衣库在澳大利亚的首家门店于墨尔本开业，同年，优衣库在德国的首家门店于柏林开业。2015年，优衣库在比利时的首家门店于安特卫普开业。截至2015年，优衣库在海外的门店数达到了798家，已经超过日本本土的店铺总数。

优衣库从1963年发展至今，历经50多年的风风雨雨，成为目前世界五大快时尚品牌之一，赢得了来自全球消费者的持续支持与青睐。

● 特色产品

1998年优衣库摇粒绒产品（图6-2）上市，凭借优质和平价迅速打开市场，取得了不俗的销售成绩。1998年摇粒绒产品原计划销售600万件，最终销量达到了850万件。1999年，优衣库针对摇粒绒这一产品的同一种款式开发出了15种颜色，原计划销售1200万件，而最终销量达到了2600万件。2014年摇粒绒产品的销量则达到了3600万件。

图6-2 优衣库摇粒绒产品

图片来源：优衣库天猫旗舰店

2003年优衣库推出了Heattech系列产品（图6-3），这款产品所用的发热面料是与日本著名纺织公司Toray合作研发的，于2003年开始在市场上销售，一推出就达到了150万件的销量。Heattech系列产品在2011年销售1亿件，一年后也就是2012年更是卖出2.99亿件。Heattech的主要功能见下表。

Heattech的主要功能

功能	详情
发热	纤维本身会吸收身体散发的水蒸气，并将其转换成热能，使衣服本身变暖

续表

功能	详情
保温	纤维和纤维之间形成的空气发挥了隔热效果，防止产生的热量散失
吸放湿（2014年新功能）	吸收衣服内多余湿气并排到外侧，减轻闷热感
除臭	经过特殊加工，能够对衣服上附着的汗液等异味源头进行吸附和中和，对除臭有一定效果，随着洗涤次数的增加，效果将逐渐减弱
弹性	由于使用了弹性纱线，达到了贴身合体的目的，具有伸缩性，穿着十分舒适
吸汗速干	具有快速吸收水分，并快速使其散发的功能，迅速吸收汗水让肌肤倍觉清爽
防静电	使用具有优良保湿性的纤维，抑制静电的产生，抑制在穿脱衣服时产生的令人不快的静电
保持形状	通过特殊编织，使面料具有高度的伸缩性和耐用性，可防止因洗涤而引起的衣服变形

资料来源：优衣库天猫旗舰店 Heattech 商品详情

图6-3 Heattech系列产品

图片来源：中国品牌服装网

2005 年，优衣库总裁柳井正聘用佐藤可士和为创意总监。佐藤可士和做的并不是服装设计，而是店铺设计，他在优衣库的第一个项目就是纽约旗舰店的店铺设计。当时的美国市场上，休闲服装竞争还是挺激烈的。因此，佐藤可士和在纽约旗舰店的店铺设计中，一反国内店铺的低调风格，用同色系的POLO衫组合成一面彩色墙。这一独特的设计被美国媒体评价为"前所未有的张扬"。同时，这种设计在之后被作为优衣库店铺的招牌设计风格。

2007年，日本UT旗舰店在原宿开张，完全秉承了这种张扬的设计风格。原宿店将每一件T恤装在圆柱形的红盖塑料罐中，几百件T恤组合成整面墙陈列出售，这就是佐藤可士和著名的"罐装T恤"，既体现了优衣库店铺的设计风格，减少了员工的工作量，也为顾客带来了新鲜特别的购物体验。

优衣库始终坚持，服装本身并没有个性，而是由穿着者赋予其个性。优衣库的服装能为穿着者表达其价值观，让全世界所有人的日常生活更加舒适惬意。例如，2015年秋冬季优衣库推出高级轻型羽绒服，除了令人惊叹的轻盈、温暖之外，更增加了防水功能，进一步满足了穿着者的需求。

三、夏姿·陈（SHIATZY·CHEN）

- 品牌简介

夏姿·陈是由设计师王陈彩霞于1978年年初在台湾创立的服装品牌，产品包括高级成衣和家居用品。夏姿取"华夏新姿"之意，自然是希望通过创作的转化，将中国传统文化和历史风貌与西方顶尖的裁剪融合在一起，带领时尚穿梭千年的人文经典。夏姿·陈始终坚持不随波逐流的信念，把时尚看作是人文生活的反映，让时尚与艺术文化在服装中融合。

夏姿·陈定位高端市场，是一个拥有丰富中国传统文化的世界级奢侈品牌，并且也是第一个进入欧洲市场的台湾时尚品牌。夏姿·陈以创造华夏新姿为己任，致力于国际市场的拓展，以服装为媒介向世界解读东方文化的灵魂与精髓。

- 发展历程

1978年，设计师王陈彩霞在台湾创立了夏姿·陈品牌，并坚持将中国传统元素体现在自己设计的服装中。创立之初，王陈彩霞设计的第一批成衣是寄放在别人的店铺中售卖的，但是几个月过去了，这批衣服一件也没有卖出去。即使如此，王陈彩霞仍然没有放弃使用中国传统元素的想法。夏姿·陈取得今天的成功，并不是一蹴而就的。1983年，夏姿·陈亏损了5000万元台币，于是设计师选择去欧洲寻求灵感和突破。在欧洲的时尚之旅中，从一开始各大服装面料展览会拒绝台湾人进入（他们认为台湾人就是去"copy"的），到最后欧洲的面料商情愿为夏姿·陈提供面料，当中付出了不少艰辛。

在解决面料问题之后，夏姿·陈放弃了原先生硬的设计方式，将中国传统元素巧妙地融入服饰设计中，同时采用西方立体裁剪方式。为了保证服装的品质，夏姿·陈连一颗扣子都要选择品质最高的。1990年，夏姿·陈成立了巴黎工作室，并于2001年在巴黎开设了专卖店，成为第一个进入欧洲市场的台湾时尚品牌。

2003年，夏姿·陈入选《华尔街日报》值得瞩目的品牌，台湾最具有代表性的时尚品牌；2004年1月，夏姿·陈被伦敦《金融时报》评选为年度热门时尚品牌之一；2004年印度尼西亚最具权威的时尚杂志发专文介绍来自台湾的夏姿·陈服饰，为品牌国际化更上一层楼。2005年，夏姿·陈在上海外滩9号开设了夏姿·陈旗舰店，成为进入外滩的唯一一家中国奢侈品品牌。2013年12月3日，夏姿·陈于东京半岛酒店的精品店正式开业，时值品牌创立35周年之际，亦成为其正式进军日本市场的重要里程碑。

夏姿·陈发展至今，已经从台湾走向了世界，在内地、台湾、香港、澳门地区，以及日本、马来西亚、法国等都开设了专卖店。夏姿·陈品牌设计师王陈彩霞曾说过："未来，我希望能把具有中国特色的夏姿·陈做得更好、更完善，能够尽善尽美。并且希望有一天能在全世界的各个城市中，看到夏姿·陈的身影，可以说这也是我的一个美丽的梦。"

● 独特之处

2016年1月12日，夏姿·陈在北京金宝汇旗舰店内举办了2016春夏

"引领"系列新品预览。穿越百年历史,来到中国四大名著之《西游记》的世界,故事主人公孙悟空,跟随唐僧西天取经,无畏困难,昂首前行;斗转星移来到西方19世纪,古斯塔夫·克林姆(Gustav Klimt)用其丰富的情感与华丽的色调,创立维也纳分离派,带动了当时新艺术的前卫风潮。同样采用了中国古典元素与西方裁剪、色调相融合,让人耳目一新(图6-4)。

秀场布置以"花果山"为主题,充满童趣,东西方元素完美融合于服饰之上,展现在如画般的复古轮廓与剪裁上,缤纷山色起伏在多层次穿搭与异材质运用中,再佐以经典的手工刺绣工艺和现代童趣手法,于斑斓绣线交织中勾勒出大圣嬉游身影,印记于春夏。

图6-4 夏姿·陈2016春夏系列部分新品

图片来源:VOGUE时尚网.http://www.vogue.com.cn/

夏姿·陈的独特风格便是在设计中融入中国上下五千年的传统文化元素，采用中国古典提花布、绳股绣、织锦缎、双色缎，结合手绘、蕾丝、绣花、水晶装饰、毛料与斜纹绸，以较为宽松的箱型线条和维多利亚式合身与中国服装线条为主要轮廓，品牌最负盛名的服装是棉袄，并且使用的还是鲜艳惹眼的大红色调，颇为喜庆吉利。实践证明，夏姿·陈在服装设计与营销方面非常成功，夏姿·陈服装以及家居用品在全球华人和不少外国人中深受欢迎，产品设计风格被国外媒体形容为《危险关系》与《花样年华》的结合体。

夏姿·陈正是凭借其独特的产品设计以及高品质打开了国际市场和品牌知名度。中华上下五千年的文化博大精深，夏姿·陈的产品设计从这些文化中找寻灵感与理念，既弘扬了中国传统文化，更向世界展示了夏姿·陈对服装设计的专注以及对中国传统文化的深刻理解。特色的产品形成核心竞争力，夏姿·陈的核心竞争力在于其独特的产品设计以及中西方文化与工艺的完美融合，而这些设计风格与理念最终还是体现在产品之上，夏姿·陈的每一件服装就像一个个精美的艺术品，完美诠释了其创造"华夏新姿"的品牌文化。

● 信息来源

[1] 周景艳. 日本优衣库(UNIQLO)服装经营之道 [J]. 吉林省经济管理干部学院学报，2010，06:7-10.

[2] 王一. 社会化媒体发展背景下优衣库的营销模式研究 [D]. 华东理工大学，2013.

[3] http://www.fastretailing.com/tc/about/frway/《迅销集团的企业理念》

[4] 迅销集团官网. http://www.fastretailing.com/tc/《优衣库事业》

[5] 根据夏姿陈官网品牌故事整理. http://www.shiatzychen.com/brand_story.php

[6] VOGUE 时尚网. http://www.vogue.com.cn/

[7] 海报时尚网 http://brands.haibao.com/brand/4712/gushi/

[8] 高原. 王陈彩霞用中国华服扮美世界 [J]. 甲壳虫，2008，06:106-109.

[9] 夏姿陈官网 2016 春夏系列概念. http://www.shiatzychen.com/

[10] VOGUE 时尚网. http://www.vogue.com.cn/

[11] 马慧颖. 打造中国本土服装奢侈品品牌策略研究 [D]. 山东轻工业学院，2010.

● 读者思考

（1）优衣库的核心竞争力是什么？结合案例和自己的理解进行分析。

（2）中国传统文化和中国特色在夏姿·陈的品牌定位和发展过程中起到了什么作用？

第二节　细分市场给企业带来的机会

一、理论导读

　　细分市场是如今企业进行营销活动的前提工作。市场细分（Market Segmentation）是指企业根据消费者需求和欲望的不同，将整个市场划分成为若干个子市场（每个子市场中的对象都是同质的）的过程。市场细分的概念于 20 世纪 50 年代中期由美国著名市场学家温德尔·史密斯（Wendell R. Smith）提出。温德尔认为，同一个细分子市场中的消费者的欲望与需求都是极为相似，并且不同细分子市场中的消费者欲望与需求存在着根本的差异。例如，有的消费者喜欢服装的设计感，有的消费者选择价格较低的服装，还有的消费者选择高级定制服装。

　　随着市场竞争的加剧，每一种产品的市场细分越来越细，尤其是在服装市场。服装市场可以从生活方式上细分，分为商务和休闲两种，而在休闲这一类别中还可以分为室内休闲、户外休闲等。服装还可以从年龄上细分，例如，我们在逛商场的时候，商场的楼层指示牌都会标有每一层的主要商品类型，光是女装就分为青春淑女馆、成熟女装馆等等。

　　企业可以依据一个标准进行市场细分，也可以依据多个标准进行市场细分。依据的市场细分的标准越多，细分出的子市场越多，每个子市场所包含的消费对象越少。相反，依据的市场细分的标准越少，细分出的子市场越少，每个子市场所包含的消费对象越多。对于企业来说，如何细分市场，怎样选择细分市场的标准，是一件很困难的事情。企业在细分市场的时候，主要应考虑该市场的可进入性以及可获利益，应确保该细分子市场是企业能够进入的并且是可以影响到消费者决策的市场，同时还应该确保企业在进入该细分市场之后可以为企业带来最大利润。比如，中国男装领导品牌——海澜之家在细分市场时选择了男装市场，并且细分到商务男装和休闲男装两个子市场。

二、海澜之家

● 品牌简介

海澜之家服饰有限公司于2002年成立，是一家品牌强势、管理精良、技术领先、引领时尚的大型现代化服饰供应链销售管理平台企业。2014年4月11日，海澜之家进行重组上市，成为我国服装行业的龙头股。

海澜之家是海澜之家股份有限公司旗下的服装品牌，定位为快速消费品、生活必需品。海澜之家秉承"让每一位男士尽享物超所值的时尚服饰"的使命，坚持"包容、创新、共赢"的价值观，牢牢抓住性价比优势，集中资源强化公司在品牌管理、门店管理、产品设计、销售渠道建设及供应链管理方面的优势，扩大产品销售规模与市场占有率，形成从人才到资源，从渠道到品牌，从速度到效率，从传统管理到模式创新的行业多层次竞争优势，致力于打造中国男装的国民品牌，为中国经济腾飞、民族品牌振兴做出应有的贡献。

截至2015年6月30日，海澜之家门店数量已达到3382家，遍布全国31个省（自治区、直辖市），覆盖80%以上的县、市；2015年上半年实现营业收入79.33亿元，较上年同期增长39.58%。

● 发展历程

2002年，海澜集团创立了海澜之家服装品牌。在创立之初，便引进了日本服装品牌——优衣库的营销模式，采用全国连锁、自助式购物、男装自选的模式引发了中国服装市场的新一轮革命，其产品定位于快速消费品、生活必需品，以"高品质、中价位"迅速占领市场。2002年6月，海澜之家第一家专卖店在南京中山路正式开业。2003年年底，海澜之家共拥有50家专卖店，销售收入2亿元。

2005年12月22日，海澜之家与澳大利亚羊毛发展公司联合推出"海之唯"可机洗西服，打破了西服只可干洗的传统，填补了国内市场的空白，深受广大消费者的喜爱。此外，海澜之家先后获得江苏名牌产品、中国名牌产品、国家免检产品等称号。

2006年，海澜之家在中国服装品牌年度大奖中获"营销大奖"，2007年，在中国服装品牌年度大奖中获"潜力大奖"。中国服装品牌年度大奖被誉为中国服装界的"奥斯卡"。2009年4月，海澜之家被国家工商总局认定为中国驰名商标。2014年，海澜之家品牌获"2013中国年度品牌""无锡市知名商号"以及"2014江苏省重点保护商标"。

● 细分市场

海澜之家依托海澜集团的专业优势，科学分析了服装市场发展趋势，认为虽然高端品牌的品质高、价格高，并且是身份的象征，但是需求量比不过大众品牌，而且男装品牌价格呈下降趋势。因此，海澜之家围绕男装这个细分市场，定位为"高质平价"，聚焦于80%的大众品牌消费者。以"男人的衣柜"为广告词，主要为20~50岁最广大的男士提供高性价比的全系列服饰产品，同时海澜之家具有较强的供应链管理能力，售价远低于同类产品。

海澜之家最成功之处不在于服装的设计有多出色，而在于其科学的市场细分活动、精准的市场定位以及独特的经营模式。而定位目标市场、选择经营模式的前提则是市场细分活动。海澜之家从2002年创立至今，已经走过了18年的风风雨雨，在这个服装市场不景气的时刻，海澜之家可以逆流而上，营业收入大幅度增加，主要得益于市场细分工作的科学性。

海澜之家200~1000多平方米的门店内，陈列了20~50岁男士从上衣到下装、从内到外、从商务正装到男士休闲、从春夏到秋冬所有的服装服饰产品。目前海澜之家已有的服饰品类包括套装西服、休闲西服、夹克、棉袄、大衣、羽绒服、毛衫、针织衫、衬衫、T恤、西裤、休闲裤、牛仔裤、内衣内裤，还有皮带、领带、围巾、袜子、皮鞋等，成年男性所需的服装应有尽有。此外，海澜之家通过深入的市场调研发现，中国现有的男装品牌都把夏季当作淡季，事实上，夏季市场是一个很大的市场。因此，海澜之家针对夏季市场主推T恤、衬衫、短裤、休闲裤等产品，大胆运用亮丽鲜明的色彩，增加产品的功能性，深受广大消费者的欢迎。

三、兰玉（LAN-YU）

● 品牌简介

兰玉是由设计师兰玉于2009年创建的同名品牌。设计师兰玉在2005年就创立了自己的个人工作室，2008年毕业于北京服装学院，之后去纽约时装学院进修。2006年获得民族风礼服设计大赛金奖。2009年创立了个人品牌兰玉。同年获得中国设计师协会"全国十佳时装设计师"荣誉，2009年年底被评为最受媒体关注设计师。兰玉凭借自己独特的设计风格受到了时尚界的广泛关注，她善于将中国传统的苏绣技巧与西方高级材料相融合，自称是"为明星缝制嫁衣的设计师"。而兰玉婚纱则是体现设计师兰玉灵感与设计风格的载体。兰玉婚纱以高级定制的标准严格要求产品，为了拥有最顶级的材料，兰玉婚纱与欧洲名牌丝绸、蕾丝的供应商签订了合同。

兰玉在创立之初根据产品性质以及客户群的层次选择了婚纱和礼服市场，并且选择了私人定制高级婚纱与礼服的业务。"婚纱寄托了女人从童年就有的对爱情的梦想，步入婚礼殿堂是她一生中爱情的一个高峰，我们倾听、分享她的爱情故事，做出属于她的那一件独一无二的婚纱。"兰玉将自己定位为一个爱情的倾听者。

兰玉第一次为明星设计婚纱是在2010年，设计师在与著名女演员罗海琼沟通之后，最终为她设计了一款蓬裙型婚纱（图6-5）。兰玉采用了高腰线的设计，融入现代礼服独有的鱼骨造型，使罗海琼的身形显得更加纤细。

图6-5　兰玉为罗海琼设计的婚纱

图片来源：兰玉婚纱官网. http://lanyu.co/index_cn.html

● 发展历程

兰玉发展至今，产品包括高级定制婚纱、礼服、高级成衣。目前在北京、上海有三家分店，拥有主品牌 IN LOVE LAN 定制礼服和副品牌 LAN BY LAN 成衣系列。主品牌产品价格从几万到上百万不等，而兰玉私人定制工作室则定位于高级婚纱礼服的定制。

为罗海琼设计婚纱后，兰玉婚纱、礼服受到众多明星的追捧，在时尚界的名气越来越大。

2011年，兰玉为演员胡可、董璇、李小璐、谢娜设计婚纱，为黄圣依、江一燕设计电影节红毯礼服，逐渐成为近年来最具代表性的中国本土婚纱礼服定制品牌之一（图6-6～图6-9）。

图6-6　兰玉为董璇设计的婚纱 　　图6-7　兰玉为李小璐设计的婚纱

图6-8　兰玉为谢娜设计的婚纱 　　图6-9　兰玉为胡可设计的婚纱

图片来源：兰玉婚纱官网．http://lanyu.co/index_cn.html

2011年12月8日，"兰玉2012高级定制新品发布会"在北京香格里拉饭店举行。这次发布会的主题为"天鹅湖"，灵感来源于芭蕾艺术的极致表现力，采用简单低调的黑白色为主色调，发布了高级定制婚纱、礼服等十余件作品。设计师兰玉在发布会上说："我只设计属于我自己的作品，从来不喜欢追逐潮流。"

2014年4月兰玉设计的十二星座主题婚纱参加了澳大利亚悉尼国际时

装周，在时装周上引起巨大的轰动。2014年年底，兰玉在巴黎大皇宫成功举办了"LAN-YU水魅"高级定制婚纱秀，在世界最高端的秀场T台向世界展示了中国传统苏绣与西方高级婚纱材料的完美结合。

2015年4月20日，兰玉第一个高级成衣系列发布，该系列在北京四季酒店进行一个月的展示与发售。这一系列高级成衣采用精致裁剪，并且将兰玉标志性礼服元素加入其中，仍然采用低调的黑白两色作为主色调。在这次发布会上，裤装首次出现在兰玉的秀场之上。

● 细分市场

兰玉在2009年创立之初就选择了高级定制市场，这与中国传统文化——苏绣的特殊性是分不开的。苏绣蕴含浓厚的中国传统文化与技巧，但是是不能够大批量生产的，只能靠设计师的手工绣上去。因此，由于苏绣与婚纱结合在一起的局限性决定了兰玉只能走高级定制的道路。与此同时，兰玉对设计的执着以及对服装的严格要求与细致的工作态度也影响了品牌最初的定位。

兰玉的婚纱礼服都是10万元人民币起价，最高价格则卖到了200万元人民币，这决定了兰玉这一品牌的消费人群是高收入群体。每个女孩的心中都有一个美丽的婚纱梦，2013年，电影《分手合约》中女主角的婚纱由兰玉设计，让广大消费者心中燃起穿兰玉婚纱的希望与梦想，这些无关年龄，因此，兰玉的目标消费人群定位到了20~45岁之间的女性。而婚纱与礼服都只能在特定的场合穿着，因此目标消费人群还应具有"频繁出席各种社交场合，注意着装"的特征。

由于高级定制婚纱礼服价格都很高，这就缩小了兰玉的忠实客户群，因此兰玉又推出了副品牌LAN BY LAN礼服成衣系列，特别针对那些对高级定制婚纱、礼服价格望而却步的客户，这些客户群体追求非高端但高品质的服装，副品牌的定位很好地满足了他们的需求。

● 信息来源

[1] 海澜之家官网品牌简介. http://www.heilanhome.com/?r=site/company

[2] 刘凡. 海澜集团经营战略对我国民营服装企业的启示 [J]. 时代金融，2013，No.50402:20-21+23.

[3] 兰玉婚纱官网. http://lanyu.co/index_cn.html

[4] 何丽银. 兰玉：明星婚纱魔法师 [J]. 新营销，2014，No.13709:54-57.

[5] 赵媛. 中国本土定制礼服企业营销策略研究 [D]. 对外经济贸易大学，2015.

● 读者思考

（1）海澜之家成功的秘诀是什么？

（2）细分市场对兰玉品牌的影响有多大？如果兰玉放弃市场细分，这个品牌还能怎么做？

第七章

高端

——奢侈品品牌中国市场拓展经典案例

第一节 品牌塑造的中国化

一、理论导读

品牌塑造（Brand Building）是指给品牌以某种定位，并为此付诸行动的过程或活动。品牌塑造是一个长期系统工程，品牌知名度、美誉度和忠诚度是品牌塑造的核心内容，大企业可以凭借雄厚的财力物力通过炒作、广告轰炸、大规模的公益和赞助等循序渐进地进行品牌塑造，通过建立品牌优势来刺激和吸引消费者的购买冲动。品牌形象塑造可采取"四步走"的路径，即品牌定位、品牌形象设计、品牌形象整合传播、品牌形象建设及维护。为品牌塑造的文化是否合适，一般有两个标准。一是这种文化要适合产品特征。产品都有自己的特性，如在什么样的场景下使用，产品能给消费者带来什么利益等。二是这种文化要符合目标市场消费群体的特征。品牌文化要从目标市场消费群体中去寻找，要通过充分考察他们的思想心态和行为方式而获得。只有这样，这种品牌文化才容易被目标市场消费者认同，才能增强品牌力。

中国消费者的强大购买力和不断提升的品牌审美，使得很多国际品牌逐渐重视中国市场的品牌塑造，力争通过品牌形象的中国化赢得越来越多中国消费者的青睐。

二、上下——爱马仕的中国元素

● 品牌创立背景

上下是一个来源于中国文化的当代高尚生活艺术品牌，由设计师蒋琼耳与法国爱马仕集团携手创立，致力于传承中国的生活美学和精湛的手工艺，通过创新，使其重返当代生活。在中国设计师蒋琼耳女士的带领下，上下期望通过努力，将日渐式微的中国及亚洲其他国家传统手工艺的精湛技艺保留下来，并从中汲取灵感，将之置于当下生活语境中重新审视。

上下目前的营业额只有几百万欧元，品牌仍然未有盈利。蒋琼耳在接受媒体采访时表示："我们致力于长期发展。这是一个以文化导向为主的生意。爱马仕集团给我的目标就是：质量。"在她看来，"上下并不是一个奢侈品牌，而是一个追求高质素的企业"。上下销售的产品并不便宜：手工编织竹网覆盖的一套茶具售价4000欧元（金丝限量版则高达3万欧元），彩绘瓷碗售价1400欧元。但蒋琼耳表示，珍贵材料，罕有技术和所需工时都证明品牌旗下产品货真价实，有些设计甚至需时数月之久。上下产品90%是在中国生产，其他则是在蒙古、印度等国根据当地的传统技术制作。

上下总部位于上海，并于2010年在当地开设了首间门店，另外有两家分店位于北京和巴黎。上下的第一家专卖店位于上海淮海路香港广场。这是爱马仕集团全球战略非常重要的一步，中国市场份额一直落后于LV和GUCCI的爱马仕，打造上下品牌或许是面对市场压力而对其品牌理念的无奈妥协。上下的产品囊括了服装、饰品、家居和瓷器等。上下的艺术总监蒋琼耳解释道："我们的设计哲学是永恒、简洁、轻盈和功能主义。"著名艺术家和设计师蒋琼耳从中国传统文化吸取灵感，在设计中融合了《易经》中的上下、阴阳、天地等中国哲学理念。

爱马仕集团对这个项目已经考量了有三年之久，并最终决定让中国设计师蒋琼耳负责品牌设计。蒋琼耳和爱马仕一直有着良好的合作关系，曾为爱马仕设计橱窗。这次，作为上下的主要负责人，蒋琼耳这个艺术才女在中国召集了一个 30 多人的团队准备大干一场。他们计划让中国传统工艺来个大变身，并运用到上下的设计中去。爱马仕的高层主管之一 Thomas说："在中国投资一个新的品牌是打开中国市场的一个很好的方法，相对于收购了一个已经发展得很成熟的品牌，打造一个新的品牌来分享我们的理念会是一个更好的选择。"同时，在电话采访中他还指出："对于上下，我们并没有给出一个预定销售目标，我们的目的只有一个——给我们的消费者以惊喜。我们希望能够向全世界展示中国上千年的深厚文化。"看来，爱马仕并不打算让上下在成立伊始就健步如飞。一贯慢慢来的策略，已经让爱马仕在中国市场落后于其他几大奢侈品集团，由此也可以看出爱马仕对于手工艺的爱深入骨髓，早已植入其运营理念之中。根据这样的理念，爱马仕在巴黎开设了第二家上下专卖店，紧邻主品牌爱马仕的全球旗舰店，店面面积约为 80 平方米。几年后又在北京开设了第三家专卖店。

● 品牌文化

上下品牌倡导一种和谐平衡的生活哲学，随着物质的极大丰富，生活节奏的不断加快，越来越多的城市人在生活的两种极端中备受折磨。追求这两种极端之间的平衡便是上下一直想要达到的理想。私人生活与社会生活的平衡、乡村宁静生活方式和城市相对现代化的生活方式之间的平衡、不断适应城市快节奏与享受慢节奏的恬静生活的平衡。蒋琼耳希望上下能够带给人们一种心灵上的宁静。上下品牌的所有产品都是与中国传统手工艺者合作，而且这种合作方式非常灵活，设计师和工艺师之间的交流非常重要，通常情况下，设计出的新品会听取工艺师的建议，同时，也会给这些工匠提出一些建设性的意见，这些意见可以启发他们用一种新的方式去制作工艺品。另外，上下还会从越南、印度、尼泊尔等亚洲国家外购产品。

上下在质感上追求极致，为了达到这种目的，在材料的选择上不惜寻求最珍贵的材料，比如一些用珍贵紫檀木制作的明式家具以及一些薄胎瓷的制作。因此，不管是刻意而为的含蓄风格工艺品还是装饰性很强的珠宝饰品都表现出很强的艺术性，自然价格也就不菲了。上下有两种价格线，一种是用珍贵材料制作，拥有精湛的工艺和杰出的设计，这个高端系列的价格一般在1万欧元到5万欧元之间。第二种物价水平在100欧元到5000欧元之间。尽管价格上差很多，但这些产品的质量也已达到一个很高的水平。蒋琼耳把上下品牌比喻成一个婴儿，她说："因为她是一个新生儿，所以，我们要让她尝试不同的食物直到她找到最合适的，上下的哲学理念就在于要有极大的柔韧性，我们必须仔细聆听这个婴儿的声音，了解她的需要，让她能够健康成长，而这需要在不断试验中进行。"爱马仕并没有要求上下在很短的时间内盈利，就像蒋琼耳说的那样，也许她们并不想让上下在没有学会爬的时候就跑起来。看着这些用心的设计团队，我们由衷希望这个新生的中国特色奢侈品品牌能够健康成长。

● 技艺与品质塑造品牌的中式奢华

上下品牌销售着来自中国及其他亚洲国家匠人的手工艺作品：从数百元的真丝护照袋到超过一万元的竹编茶杯，从两万元的紫檀凳子到数十万元的明式家具……这是新的东方奢侈吗？爱马仕全球CEO Patrick Thomas 并不这么认为。这个充满禅意的空间展示了爱马仕对上下的信心与野心："我们并不需要迎合潮流……对我来说，核心的目标并不是追求商业上利益最大化，而是真正打造上下这个品牌的品质。"

爱马仕参与上下品牌的创立，目的就是集成手工艺、创新和时尚，使爱马仕秉承的工艺与匠心理念发扬光大。这个想法与蒋琼耳不谋而合。蒋琼耳有一个复苏中国手工艺的想法，希望能够振兴已经在中国文化中逐渐被稀释的传统手工艺。双方讨论了以手工艺品为核心建立一个高尚品牌的可能性，上下便应运而生。

上下作为爱马仕的姐妹品牌，与爱马仕具有相同的工匠血统，坚持产品的手工制作，不同的则是上下聘请的是中国的手工业者。上下寻找手艺精湛的中国工匠，结合现代的设计理念，制作品质出众的中式奢华生活艺术品。以中式元素为核心，为消费者打造一种独一无二的中国式生活方式，并通过越来越丰富的产品线将这种生活方式从一个绚烂的概念逐渐勾勒成一个真正可以实现的目标。

实现这个中国色彩浓郁的目标，也需要一位中国文化根基深厚，并兼具国际化设计理念的掌舵人。无疑，蒋琼耳就是最合适的人选。蒋琼耳出生在艺术世家，外祖父和父亲都是从事艺术建筑类的大师。她早年留学法国，多次与爱马仕品牌有过合作。从法国归来后，蒋琼耳不断尝试各种突破，却始终站在中国传统的文化底蕴上去设计，她的毕生梦想就是"让中国的好工艺、好设计真正被世界看到"。上下品牌是蒋琼耳的心血，她与她的品牌也一直致力于传承中国精湛的手工艺，希望通过创新，来使中国重返当代生活。上下让人联想到上下五千年的中国文化，而品牌正是希望保留几千年流传的中国精湛的手工艺，通过上下的传承，使之融入生活。"手工艺"和"传承"是蒋琼耳在上下的设计与经营中提到最多的，"寻找手工艺师过程很漫长，而且是一个持续性的工作。我们除了自己去各地寻找，也从专家、老师那里获得一些资源，因为他们也同样有着将传统手工艺发扬光大的梦想"。她希望通过传承手工艺来重拾中国的经典文化，实现文化的回归，"商业并不是上下创立的初衷，上下是以文化为主，而商业只是文化做到位、做好之后的回报，任何人都猜不到什么时候会来。中国不缺物质，缺的是一种精神"。对于蒋琼耳来说，做品牌最难的事情，是一直忠诚于自己的最初想法，如果上下五年、十年，仍然可以忠诚于当初的想法，一定会成功。中国的传统工艺也在慢慢苏醒，而上下作为传承传统工艺的"工匠"未来的路还很长。

上下中式经典设计主要有以下系列：

1. 揽月系列

上下以日常而精巧的中国竹篮为灵感，以立体皮具制作工艺，模拟竹篮的肌理与构造，创作了"揽月"系列立体编织皮质包袋。创造性的细节设计，超越了以往皮具制作的经验，"揽月"系列让两种不同的工艺在同一时空碰撞、对话、交融，给工艺制作带来了新的挑战，也带来了全新的效果呈现。"揽月"产品系列清朗俊逸，颇具"俱怀逸兴壮思飞，欲上青天揽明月"的雅士之风。

2. 竹丝扣瓷系列

竹编制品早在远古时代就已诞生。传统的单根竹丝编织，仅能创造平面的瓷胎竹编，而竹编专家张老师为上下名为"桥"的白瓷茶具设计了一种新的编法：竹丝扣瓷，即一种"双线交叉走丝"的立体编织工艺。

瓷胎竹编，以瓷器器皿为胎，用纤细的竹丝，柔软的竹篾，紧扣瓷胎，胎弯竹弯，依胎成形，竹丝和瓷胎浑然一体。瓷胎竹编是个细活，不像一般的竹编，用的竹丝选料要求非常严格，必须选节长66厘米以上、没有划痕的两年青壮竹来编织。有句行话叫"经篾薄如绸，纬丝绷如发"，指的就是上好的竹丝。每100斤原竹只能抽丝8两，其价值同银子相当。选好所要的白瓷，然后紧贴瓷器外表用竹丝进行编织和包裹。传统的瓷胎竹编，都是一根经篾一根编篾，单根竹丝编织。张老师发现用两根竹丝交叉着行走，可以完全改变最后的编织效果。"两根竹丝交叉编织法，立体效果好。技艺完全变成了艺术。竹丝细到只有大约0.4毫米。"当单根竹丝垂直行走时，所创造的只是平面的瓷胎竹编。当经篾增加至两根，编篾也加至两根时，编织的空间发生了改变，就创造出另一个图谱来，因此，在竹丝行走的编织过程中，一层层攀缘经篾而上的编篾，在有意无意间，交织成了两种图案。"本来紧扣在瓷胎上的线条，开始流动起来，变得生动，仿佛有了生命般。线条有静有动，互相呼应起来，那是一种从来没有过的竹编肌理。"张老师说。白瓷和竹篾，相互映衬，草木通灵，共一世界。

三、Coach（蔻驰）

● 公司历史

Coach 是美国历史最悠久和最成功的皮革制品公司之一。1941 年成立之初，由六位来自皮革世家的皮匠师傅共同经营。时至今日，历经了大半个世纪，蔻驰的皮革工厂仍是由技艺精巧的皮革师傅负责，他们多半具有 20 年以上的皮革经验，对皮革工艺充满了热爱，因此，对每一位蔻驰的皮匠师傅而言，蔻驰不仅仅是一个品牌的名称，更是他们心血的结晶和传承。

20 世纪 90 年代，蔻驰公司和许多颇有历史的老牌企业一样，遇到了发展瓶颈。当时的蔻驰产品，大多具备较强的功能性、耐用性等优点，但在广告资讯迅速膨胀的 20 世纪 90 年代，却无法构建起自己独特的品牌形象。与此同时，路易威登、PRADA 等开始以印象化的产品设计争夺市场，这些公司夺走了大量原先属于蔻驰的市场份额。蔻驰的销售不仅仅停滞不前，而且有所倒退。

到了 1995 年，公司迎来转机，因为他们迎来了一位公司历史上的"救赎者"——路·法兰克弗。他就任公司董事长兼 CEO 之后，蔻驰品牌开始重新恢复活力。法兰克弗的理念是：在物质富裕、资讯发达的现代社会，单靠品质和功能性已不能满足现代消费者的需求，消费者其实更在意和追求产品的随身携带是否愉悦、是否漂亮等情绪化需求。因此在他上任之后，所做的工作就是不再让品质和功能性成为蔻驰产品的唯一竞争力，他要提高产品的情绪化需求。上任不久，法兰克弗请来了新的设计师里德·克拉科夫。克拉科夫提出了著名的 3F 新产品理念——Fun（有趣）、Feminine（女性化）、Fashionable（时髦），直接让蔻驰这个品牌看到了希望。从改变产品的原材料入手，克拉科夫的设计开始采用皮革、尼龙和布料，向市场推出轻便、色调明快的包袋。当然刚开始的变革并不是彻底的，而是渐进式的。因为法兰克弗认为，如果不顾一切地推行全新的设计，只会引起蔻驰固有消费者的反感。"我们要做的是在不伤害原来品牌的前提下，做渐进式的革新。"慢慢地，革新起到了效果，蔻驰公司的销售开始回暖。质量可靠而又设计精良的蔻驰重新回到人们的视线中，并且迅速重夺市场份额。在经历了十余年的发展之后，到2006年年底，该公司的市值已经接近180亿美元，成为时尚品牌中的佼佼者。

自从法兰克弗聘任克拉科夫以来，蔻驰的产品线就在不断地扩充新类，例如手表、鞋类、珠宝、帽子、丝巾和手套。之后，一系列小服饰的加入，为蔻驰整个产品家庭增加了新的活力。当轻型手包越来越受到女性消费者青睐的时候，蔻驰又推出了系列产品来迎合这股潮流。目前，蔻驰的产品涵盖了女装手袋、男装手袋、商务包、行李箱、钱包等不同领域，新系列的不断开发扩大了蔻驰品牌的影响力。蔻驰还与多家授权公司合作，生产蔻驰冠名的手表、鞋和办公家具。蔻驰在美国市场稳占领导地位的同时，还积极致力于扩展国际分销市场业务，吸引海外的消费者。蔻驰在美国已经有超过200家专卖店，并在世界其他国家开设了近200家专卖店，主要位于加拿大、法国、英国、德国、意大利、日本、荷兰、俄罗斯、阿联酋、沙特阿拉伯、新加坡、澳大利亚、新西兰等诸多国家，全球战略版图蔚为可观。蔻驰极为看好中国市场，已经在中国香港、中国台湾、上海、北京、广州、成都、杭州等地开设了专卖店，并准备在其他大中城市开设更多的店铺。

● 品牌定位

蔻驰是美国市场受欢迎时间最长和最成功的皮革品牌之一。纵观蔻驰这十年的发展，可以看出它的核心竞争力有三点：价格定位合理、设计时尚、销售渠道完善。这三大优势有效整合之后，才让蔻驰这个品牌宣告"复活"。

蔻驰的设计理念融合了创新的时装触觉以及现代美国的态度，坚持朴素、求实的品牌风格的同时，又注重迎合简洁的流行时尚品位。蔻驰坚持每个产品都能达到最高水平的工艺。蔻驰产品的大小、形状、口袋以至系带等细节都经过细心设计。蔻驰产品的所有缝线均采用双缝技巧。蔻驰的皮革处理拥有优良的传统。蔻驰根据质感、韧度、特性和纹理精心挑选最优质的皮革，在染桶中浸染多天后，经过多番严格测试，确保在功能和耐用度方面均符合标准的皮革才会成为蔻驰的原材料。现在，蔻驰已经运用多种不同的材质和织物，但传统的手染皮革依然是不可或缺的元素。

在价格定位方面，CEO法兰克弗的见解可谓一针见血："奢侈品的入门水平。"最具杀伤力的举措是，蔻驰在大商场的平均价格几乎只是其竞争对手如路易威登、古驰等价格的一半。此招起到了立竿见影的效果。蔻驰在重塑品牌形象的时候，果断放弃高级奢侈品的路线，一开始就定位于"触手可及的亲民奢侈品"。以其市场定价来看，蔻驰处于欧洲高级品牌与中低档品牌的中间位置。以手提包的价格为例，欧洲高级品牌的手提袋均价约600美元，而中低档品牌约100～200美元，蔻驰的价格则在300～400美元。这对一直喜欢使用高级品牌的时尚女性来说是个能轻松接受的价格。

在定位准确的同时，设计师里德·克拉科夫通过精心设计，制造出了时尚而色彩丰富的手包和饰品，此举也令这一品牌更具吸引力。一个品牌要从地区品牌、国内品牌成长为国际品牌，品牌的定位战略非常重要，其次是基于4P的市场营销策略。平实的价格、时尚的款式，蔻驰创造了华尔街的一个奇迹。2003年以后，蔻驰的毛利率提升至70%以上，每年获利从6400万美元暴增至5亿美元左右，近几年来甚至超过LV、TIFFANY等奢侈品牌，高居全球奢侈品获利之首。

● 独特的中国高端路线

如上所述，蔻驰从一个地道的美国品牌到国际知名品牌，始终定位于时尚女性的高级品牌，希望提供给那些不想花高价购买欧洲精品却又渴望拥有精品的消费者一个替代选择。然而，就是这个在美国只能算得上是中高档的牌子，独独在中国却成为公认的奢侈品，产品在中国的价格也比其他欧美国家要高近50%。

既然蔻驰在美国和欧洲只是一个中高端的消费品品牌，为什么在中国会被视作奢侈品呢？这就不得不提到蔻驰在中国的营销策略。蔻驰在中国运用了有别于其他国家或地区的品牌平衡策略——保持产品性能优势的同时，最大限度地提升品牌形象，挖掘并满足消费者的需求，创造性地匹配产品与客户的契合度。与LV、爱马仕等欧洲顶级奢侈品牌动辄百余年的历史相比，只有70年历史的蔻驰在奢侈品行业里略显稚嫩。生于奢侈品文化积淀尚浅的美国，蔻驰无法与欧洲奢侈品牌比拟贵族血统，但蔻驰却以独特的自我定位和另类做法，开辟了一条不同的路——以"轻奢侈品"的亲民姿态，以"可承受起"的高性价比，挑战欧洲老牌奢侈品，并成功在中国这样的新兴市场获得逆袭，取悦了更多的中国消费者。

2007年，北京时尚购物地标新光天地开业，在一层中间的位置，坐落着两层的蔻驰专卖店。它的邻居是瑞士和意大利的国宝品牌BALLY和FERRAGAMO，抑或是珠宝大牌BVLGARI。入驻新光天地一二层，是品牌尊贵身份的象征。彼时，连DIOR、CELINE、CHANEL这些一线大牌都还没有入驻。2010年4月，蔻驰中国旗舰店正式登陆上海最繁华地段淮海路，与爱马仕、路易威登、卡地亚旗舰店呈四角鼎立状态。坐拥上海最时尚繁华地段，豪华的装修风格和精致的布局，进出都是时尚白领、潮流一族，价格动辄数千元。蔻驰的产品可能出现在大型购物中心，也可能会出现在百货公司，而临大牌而建的选址原则却没有变过，在沉静内敛的LV的门店和格局严谨的卡地亚旁边，常常会看到氛围截然不同的蔻驰专卖店，因此，刚刚步入小康，还分不清什么是奢侈品的中国消费者很容易将蔻驰和顶级奢侈品品牌同列。

蔻驰的门店选择条件可谓相当苛刻——尽可能挑选客流量在100万人次以上的马路拐角，这样行人就能从任意一条马路上看到店里的情况。为了配合每月新品上市，蔻驰也会全球同步换新店内陈设如沙发位置、植栽等，由全球总部统一规划，每个月寄出装潢包裹，里头有当月摆设的重点与摆设位置图，甚至全球统一播放店面音乐。

蔻驰在中国的定位是轻奢品，轻奢的意思就是价格低质量好。蔻驰是美国的品牌，由于中国的税收问题，加上蔻驰走快时尚路线，在中国价格比同类产品高了不少，蔻驰高层因此对品牌做出调整策略，逐渐往奢侈品发展。蔻驰的成功基于"轻奢侈"这个讨巧的品牌定位，它一直在告诉目标用户"我是奢侈品，但是又没有老牌奢侈品那么贵"。正是这种性价比策略让蔻驰在过去十几年获得了高速的成长。

蔻驰每年都会投入大量资金用于在世界范围内宣传品牌及其产品。在 ELLE、URBANITES、NEXT MAGAZINE、ZIP MAGAZINE、VOGUE、LUCKY 等著名时尚杂志投放了大量关于蔻驰产品的介绍。同时，针对华人世界，也在如《苹果日报》《香港经济时报》《明报周刊》等著名华人媒体上投放了大量中文广告以开拓华人市场。这些著名报纸杂志也都曾专门撰文介绍过蔻驰品牌并给予了很高的评价。在数字化网络媒体高速运转的今天，越来越多的消费者通过社交媒体的方式了解品牌，蔻驰当然不会放过这一绝佳的模式。新浪微博和腾讯微信这类社交媒体，是目前蔻驰在中国做品牌推广、提升知名度的重要窗口。蔻驰官方微博的运营团队就是由中国区总裁兼首席执行官 Jonathan Seliger 一手创建的，目前已有 69 万多粉丝。蔻驰微博内容主要包括发布新品、宣传品牌、传播纽约时尚动态消息，粉丝们喜闻乐见地通过蔻驰的产品从而了解纽约时尚的走向和发展趋势。粉丝将蔻驰品牌与纽约时尚关联，这正是负责微博运营的团队希望并乐见的。许多中外名人也是蔻驰皮包的忠实顾客，如著名歌手珍妮佛·洛佩兹、麦当娜，好莱坞偶像朱丽安·摩尔，朱莉亚·罗伯茨以及玛丽莎·托梅等。

蔻驰成长为国际品牌，特别是在中国的成功营销，就在于很好地运用了品牌的定位和平衡策略，充分有效地配置好了企业资源，最大限度地符合了新兴市场快速富裕起来的消费者的契合度。

第七章　高端——奢侈品品牌中国市场拓展经典案例

● 高端生活品牌的转型

蔻驰兼顾上下端的定位也很容易遭遇竞争者。更多品牌开始进入这个市场的中间地带，RalphLauren、MichaelKors 和 KateSpade 等新兴品牌在 2013 年之后迅速成长，挤压了蔻驰的市场占有率。2013 年，蔻驰一度面临巨大的考验，2014 年全财年，蔻驰的全球收入下跌了 5.3%。面对消费习惯改变带来的市场压力，加之中国风景独好的局面带来的启示，蔻驰从 2013 年开始逐步进行品牌转化，从产品定位、营销和市场渠道三个方面将过去轻奢皮具品牌的蔻驰转型成为一个高端生活方式品牌。

现在中国消费者消费奢侈品的习惯也在发生改变。并不是所有人都不喜欢产品上的品牌标志，他们依然需要让别人知道自己使用的是品牌包，但是标志或吊牌的设计和品位就变得非常重要。中国消费者对于奢侈品的消费心态也在改变，他们有很强的学习能力，以往许多人买一件奢侈品是为了让人家知道这个包是贵的，能够显示身份的。但现在的奢侈品消费，更多的是为了表达自己是什么样的人，展示个性和时尚度。

蔻驰在 2013 年 7 月从西班牙皮具品牌 Loewe 挖来了设计师 Stuart Vevers（斯图亚特·维佛斯）担任创意总监。作为奢侈品行业新崛起的一代设计师，斯图亚特·维佛斯先后服务于 Mulberry、Givenchy、LouisVuitton、CalvinKlein 等品牌。这位新的创意总监也为蔻驰带来了新的气质。过去蔻驰的门店给人一种陈旧、保守的印象，而门店里也只有手袋和配件，它们更适合职业女性在正式场合中使用。但现在的蔻驰已经有手袋、鞋履、成衣在内的广泛品类，甚至有许多漂白丹宁布铆钉夹克、皮制短裙、豹纹真皮棒球夹克等年轻化的服装元素。而在原来的包袋产品中也出现了金属光泽带铆钉的小牛皮包，这些都让蔻驰变得更年轻并充满活力。

蔻驰中国区新任总裁兼首席执行官 Yann Bozec 认为："蔻驰最初是做男性皮具起家的，传承下来优秀的工艺，因此在现在客户所关注的领域里，蔻驰有很强的信心。"他介绍道，"现在蔻驰在调整设计风格之外，也更强调手工、皮革的品质，产品更符合现代、奢华的定位，但这种定位的提升又不是通过涨价实现，而是通过价值的提升"。

如果过去某款蔻驰包在6000元价位，现在也会落在同样的价格等级上，但与过去相比，蔻驰的供应链提升了皮革、细节和做工，也更注重车工和配件，让产品更有时尚感的同时，也更有传承度。当然蔻驰产品的价位也在原来较为单一的层次上面，增加了一个万元左右的产品类别，增加了更多可供选择的价格层次。

互联网平台也极大地拓展了蔻驰的销售范围，在蔻驰第一季度透露的数据中，在中国，人口超过100万以上的城市已经有200多个，蔻驰仅在中国的55个城市开设了实体店，因此实体店只是覆盖了一小部分中国市场，但蔻驰通过官方网站服务到的城市已经超过300个。

在过去的全球市场上，人们对于蔻驰的印象是一个专门生产包袋的轻奢品牌，主打细分化市场是过去蔻驰的优势。但在转型之后，蔻驰则更倾向于提升自己在多品类中的品牌和时尚度，将自己构建成为一个具备传承性的生活方式品牌。

● 信息来源

[1] 百度百科

[2] 爱马仕上下官网

[3] 赢商网：上下首席执行官蒋琼耳：品牌被认知需5～10年时间

[4] 钛媒体：品牌转型困难如火中取栗 Coach 如何低代价转型？

● 读者思考

（1）如何看待上下的中国血统与爱马仕元素？

（2）如何提升传统文化在品牌中的作用？

（3）奢侈品的中国设计如何才能避免冒险？

（4）蔻驰抓住了中国消费者的哪些特点？

（5）蔻驰的中国营销策略与其他国家或地区有什么不同？

（6）如何看待蔻驰的高端生活方式品牌转型？

第二节 电子商务平台的中国化

一、理论导读

电子商务平台是一个为企业或个人提供网上交易洽谈的平台。电子商务建设的最终目的是发展业务和应用。电子商务可提供网上交易和管理等全过程的服务,因此它具有广告宣传、在线展会、虚拟展会、咨询洽谈、网上订购、网上支付、电子账户、服务传递、意见征询、交易管理等各项功能。

企业电子商务平台的建设,可以建立起电子商务服务的门户站点,是现实社会到网络社会的真正体现,为广大网上商家以及网络客户提供一个符合中国国情的电子商务网上生存环境和商业运作空间。

企业电子商务平台的建设,不仅仅是初级网上购物的实现,它还能够有效地在 Internet 上构架安全的和易于扩展的业务框架体系,实现 B2B、B2C、C2C、O2O、B2M、M2C、B2A(即 B2G)、C2A(即 C2G)等应用环境,推动电子商务在中国的发展。

企业通过电子商务平台展示、宣传或者销售自身产品越来越趋于平常化。

电子商务平台扩展了另外一种途径——互联网营销,让用户多一种渠道来了解、认知或者购买它们的商品。

电子商务平台可以帮助中小企业和个人自主创业,甚至独立营销一个互联网商城,达到快速盈利目的,而且只需要很低的成本就可以实现。

电子商务平台可以帮助同行业中已经拥有电子商务平台的用户，提供更专业的电子商务平台解决方案。发展电子商务，不是一两家公司就能够推动的产业，需要更多专业人士共同参与和奋斗，共同发展。

二、Burberry（博柏利）

● 公司历史

Burberry是极具英国传统风格的奢侈品牌，其多层次的产品系列满足了不同年龄和性别消费者的需求，公司采用零售、批发和授权许可等方式使其知名度享誉全球。Burberry创办于1856年，是英国皇室御用品。过去的几十年，Burberry主要以生产雨衣、伞具及丝巾为主，而今Burberry强调英国传统高贵的设计，赢取了无数人的心，成为了一个经典的品牌。

熟悉Burberry的人们一看到Burberry格子就如同看到了自己心爱的品牌。

格子之于英国，如同旗帜徽章之于意大利，在英国被称为Windows，是家族标志的象征。Burberry的招牌格子图案是Burberry家族身份和地位的象征。这种由浅驼色、黑色、红色、白色组成的三粗一细的交叉图纹，不张扬、不妩媚，自然散发出成熟理性的韵味，体现了Burberry的历史和品质，甚至象征了英国的民族和文化。

1924年，这种带有浓郁苏格兰风情的格子图案被注册成商标，不久，红色、驼色、黑色和白色的格子成为Burberry产品的代名词。蓝色也加入其中，丰富了Burberry格子图案的内涵。

1967年，Burberry开始把它著名的格子图案用在雨伞、箱包和围巾上，愈加彰显了Burberry产品的特征。

在怀旧和创新兼具的今天，Burberry的格子风格成功渗透到从服装、配饰到居家用品的各个领域，经历近百年而盛名不衰。Burberry是一个很容易引起人浪漫遐想的品牌，人们喜欢它的原因，不仅因为它100多年的经典历史、标志性的格子图案，还有 Rose Marie Bravo 所说的"高级时装回归奢华瑰丽风尚，年轻一代从 Burberry 中寻回真正传统的典范"。

● 品牌文化

Burberry 拥有 160 多年的历史，是具有浓厚英伦风情的著名品牌，长久以来成为奢华、品质、创新以及永恒经典的代名词，旗下的风衣作为品牌标识享誉全球。在 Burberry 首席创意总监 Christopher Bailey（克里斯托弗·贝利）的创意理念领导下，品牌不断与时俱进，在充满现代感和崇尚真我表达的同时，又承袭了最初的价值理念和 1856 年创立至今的品牌传统。

Burberry 的风衣和香水在世界有很高的知名度。Burberry 具有英国传统的设计风格，经典的格子图案、独特的布料无不体现出它的大方优雅。除传统服装外，Burberry 也将设计触角延伸至其他领域，并将经典元素注入其中，推出香水、皮草、头巾、针织衫及鞋等相关商品。

● 根基雄厚，敢为天猫先

近几年来，中国消费者持续贡献着 Burberry 30% 的收入。Burberry 在中国的布局也随之加快。2014 年 7 月上海嘉里中心全新旗舰店的开幕，为 Burberry 在上海这座魅力之城翻开又一崭新篇章，也标志着品牌自 2010 年 9 月于中国市场收回自营并持续投资多年后，再度迈出重要一步。Burberry 上海嘉里中心旗舰店是品牌继 2013 年先后在尚嘉中心、K11 艺术中心和虹桥机场开设新店之后，于上海开设的第八家店铺。Burberry 对中国市场的重视，除了加快主要城市线下渠道的布局，率先进驻天猫，也是一招充满争议但更显勇气与决心的大棋。

2014 年 4 月 23 日，英国奢侈品牌 Burberry 正式入驻天猫，这是国际奢侈品大牌首次进入第三方网购平台，Burberry 此举被认为是一次大胆的尝试。不过，Burberry 天猫店的销售数据并不那么理想。有消息称 Burberry 在天猫官网 18 天出售了 132 件商品，但其中有 32 件商品遭到顾客退货，退货率达 26.4%，远远高于天猫同类商品退货率 7.21% 的水平。据了解，到目前为止，香水的销售仍然占 Burberry 在天猫官网整体销售的绝大部分比例，其次是 polo 衫和裤装，相对高价的钱包和风衣的销售情况并不理想。Burberry 打破了国际奢侈品对第三方 B2C 平台的态度，以官网同步价格入驻天猫开设的官方旗舰店，并探路天猫专款。虽然天猫为 Burberry 的销售数字打了码，但也依然掩盖不住星星点点的评价。

Burberry 入驻天猫，除了自身的因素，复杂多变的市场环境也是主要原因。

1. 重视中国市场的一贯表现

Burberry 进驻天猫，延续了这个"格子铺"重视中国市场的一贯表现。Burberry 在中国的扩展速度极快，线下就十分舍得砸钱，中国电子商务的热度显然对 Burberry 来讲除了参与其中别无二选。Burberry 一直寻求优化品牌客户体验，这种体验既包括线下也包括线上。随着中国奢侈品消费者日益数字化和移动化，Burberry 通过与天猫合作，便能覆盖更为广泛的中国奢侈品网购消费群体。

2. 创新的品牌基因

在以传统至上的奢侈品行业中，Burberry 一直都是一个创新先驱。筹建线上购物平台、参与社交媒体互动、秀场的数字化应用、同科技公司之间的项目合作……Burberry 不断通过数字化的创新尝试扩大其在年轻消费群体中的影响力。

3. 独立品牌的自主选择

Burberry 是一个独立的品牌，相对于路威酩轩（LVHM）旗下的法国当家花旦路易威登（LV）、开云集团（原名巴黎春天，即 PPR）旗下的意大利顶梁柱古驰（GUCCI）等品牌，相对容易入驻电商平台。

4. 市场下滑凸显渠道的重要性

不仅仅是 Burberry，整个奢侈品行业在中国都多少呈现出了增长放缓乃至下滑的迹象,但这显然没有阻断国际品牌对中国市场未来发展的憧憬和信心。无论是路威酩轩之流的多品牌战略,还是Burberry之类的单一品牌战略,强渠道+强识别+强广告营造的广泛认知,是奢侈品上位的必要手段。中国市场滋养了梦特娇等奇葩奢侈品品牌,渠道力的重要性可见一斑。服装的渠道力比快销品强大,从诸多名不见经传的十亿级服装品牌上便可佐证。所以,对于Burberry而言,天猫的渠道力无出其右,可以最大程度、最低成本弥补呈现下滑迹象的中国市场,扩大个人消费。

5. 抓住新的消费群体

随着中国近年来反腐倡廉的力度不断加大,对奢侈品市场形成了较大的冲击,奢侈品的消费动机及消费人群也在不断发生改变,这也要求奢侈品牌必须对以往在中国市场的运营策略进行调整。"以前大家买奢侈品主要是为了送礼,而现在的消费动机更多的转为自用。"对此,UTA时尚管理集团总裁杨大筠认为,从消费者的需求出发,才是未来奢侈品赢得中国市场的关键,而推出线上购物,在很大程度上就考虑到了消费者购物的便利性。

通过进驻天猫来拓展品牌的线上销售渠道,对于Burberry能否抓住中国年轻消费者至关重要。Burberry曾针对奢侈品消费人群做过一份市场调研,调研显示,发展中国家消费奢侈品的主流客户的平均年龄相比英美等国的消费者年轻了整整15岁。而天猫的主力消费人群正是集中于22~35岁,这对Burberry扩大其在目标客户群中的影响力及有针对性地进行市场推广显然有很大作用。

6. 天猫强力抛出橄榄枝

对于合作对象而言,这只一直想登天的猫始终想摆脱动批、假货的形象,提升平台的品牌力。奢侈品牌对发展线上业务一般都比较谨慎,在对电商平台的筛选上也非常严格,主要是害怕一些以低价为卖点的电商平台会折损其高端的品牌形象。华伦天奴(Valentino)首席执行官Stefano Sassi就曾在接受《纽约客》记者的采访中表示,其品牌永远不可能进驻亚马逊,这主要是出于维护品牌形象的考虑。所以，拉拢天之骄子的Burberry，天猫一定是不遗余力了。不少国际品牌进驻天猫，都是冲着其一天300多亿元的销售额来的。

7. 线上线下平衡发展

Burberry在天猫销售的产品类别主要包括风衣等服饰、配饰、箱包、香氛等产品。在对线上产品的选择方面，主要基于两个标准：一是经典款的升级版（包括品牌的当季新款）；二是非正品渠道（水货等渠道）买不到的产品。Burberry在天猫销售的产品也不会同其在奥特莱斯形成竞争，因为在奥特莱斯销售的更多是一些过季款式和库存，而且国内大部分奥特莱斯都不是由品牌方直营，其货品也鱼龙混杂，除了正规渠道的过季产品和库存之外，也有很多通过非正常手段从国内外其他渠道拿到的货品。因此，线上销售对中国奥特莱斯的影响，从来就不在Burberry的考虑范围之内。与此同时，Burberry进驻天猫，反而会对品牌目前的线下渠道形成很好的补充。天猫主要针对的是三四线城市的消费者，而Burberry正好可以借助天猫这一平台，加大对三四线市场的开拓力度，与其目前多存在于一二线市场的实体渠道形成补充。Burberry进驻天猫，还会对其规范线上销售渠道起到很好的帮助。淘宝上贩售假名牌、A货的现象非常多，Burberry选择以天猫为平台进军线上市场，将对大量在淘宝销售的假货起到一定的震慑作用。

不管Burberry未来在天猫的发展如何，在杨大筠看来，其作为第一个"吃螃蟹"的奢侈品牌，已经在中国市场中产生了很大的推广效益，这次进驻对其来说也是一次低投入和高回报的宣传。从这个层面来讲，Burberry已经成功了。

三、HUGO BOSS

● 公司历史

HUGO BOSS是世界知名奢侈品牌，源于德国，在国际时装界拥有举足轻重的地位，主营男女服装、香水、手表及其他配件。第一款 BOSS 香水于 1993 年推出。HUGO BOSS 中国地区官方网上商城已经在 2013 年上线。品牌线：HUGO BOSS 分为 Hugo 和 BOSS 两个品牌。

BOSS 品牌的消费群体定位在城市白领，具体又细分为以正装为主的黑牌系列 (Black Label)，以休闲装为主的橙牌系列 (Orange Label) 和以户外运动服装为主的绿牌系列 (Green Label)。

Hugo 是针对年轻人的服装系列，它的设计较前卫时尚，采用最新型面料制作服装，适合追逐流行时尚的年轻男士。

HUGO BOSS 的风格是建立在欧洲的传统形象上，并带有浓浓的德国情调。

HUGO BOSS 在全世界 100 多个国家和地区开设了专卖店。除男装以外，HUGO BOSS 如今还开发出了女装系列，以及眼镜、香水、手表、鞋类和皮具等。

● 品牌文化

HUGO BOSS 一直崇尚的经营哲学为：为成功人士塑造专业形象。HUGO BOSS 代表创意、创新和进步。

HUGO BOSS 坚持产品的设计和品质物超所值。名下各种产品和系列都遵从相同的设计哲学，因而都显出 HUGO BOSS 的独特品牌风格。主线的 BOSS 品牌以简洁现代的设计和高质细节而闻名，裁剪完美，用料一丝不苟，适合任何场合，是注重实用和品质的男士和女士的选择。Hugo 则是以别具创意的设计为特色，但品质仍是一贯的 HUGO BOSS 水准，适合坚持自我风格的现代男士和女士。

除了核心的时装系列外，HUGO BOSS 同样注重配饰和非纺织产品的品质。这些产品是授权生产，HUGO BOSS 的品质控制部监管每一个生产程序，保证符合 HUGO BOSS 的严格要求。

HUGO BOSS 不仅只是生产时装和配饰的公司，也是艺术赞助人。自

1996年开始，HUGO BOSS 和纽约 Guggenheim 基金合作，颁发 HUGO BOSS 奖。HUGO BOSS 奖每两年颁发一次，由各地博物馆馆长组成的评审团选出对当代艺术有贡献的艺术家，不限年龄、性别、国籍。此外，HUGO BOSS 亦赞助当代艺术家如 Jeff Koons，Dennis Hopper 和 Frank O. Gehry 合作跟 HUGO BOSS 有关的项目，既提升项目的深度，也为 HUGO BOSS 品牌增添艺术价值。在体育方面，HUGO BOSS 赞助一级方程式赛车、高尔夫球、网球和滑雪。这些运动亦代表了 BOSS 品牌的形象：成功、活力、国际化。

美学和品质并重，HUGO BOSS 代表了它的顾客：成功自信，出众超群。

● 品牌的电商之旅

2015年1月21日，德国奢侈品牌 HUGO BOSS 在京东上线，开售四条品牌线近万件商品。本次上线 HUGO BOSS，京东选择了 HUGO BOSS 四大系列的商品，涵盖以商务正装和晚装为主的 BOSS Black 系列、都市休闲的 BOSS Orange 系列、功能运动的 BOSS Green 系列以及奢华的 BOSS Selection 系列，并以2010年至今的经典款式为主。在此次开售的四个系列中，以 BOSS Black 系列最受欢迎，从品类上看，腰带、套装西服、夹克，占据排行榜 TOP3。HUGO BOSS 在京东自营上线，是奢侈品牌与电商深入合作的新模式，是分工的优化，也更有利于让品牌商专注于产品生产与创新，实现品牌商、京东、消费者的多方共赢。

这次 HUGO BOSS 和京东合作，不是采用品牌旗舰店入驻的方式，而是京东自营销售的模式。这是一个奇怪的举动，如果将时间回溯，可以发现 HUGO BOSS 在中国的电商之旅堪称奇妙的冒险，尝试了各种模式，也给我们带来了思考：奢侈品在中国市场如何做？在电商上应该选择何种模式？

1. 从官网模式到天猫模式

HUGO BOSS 早在1994年就进入中国市场，但是一直采取代理的方式。2009年，HUGO BOSS 将代理权收回，改为直营。从代理到直营的转变很容易理解，那就是对于一个奢侈品牌来说，直营更能保证品牌高端形象的维护以及产品渠道的管理。

HUGO BOSS 在直营方面，首先是大量开设线下直营店，到目前总共超过 140 家店。开始时销售业绩蒸蒸日上，但是到了 2013 财年形势急转直下，从 2011 财年的 57% 高增长变为负增长。按照法国马赛学院专家 Michel Gutsats 的说法，HUGO BOSS 之所以出现这样的问题在于线下店太多，奢侈品牌开店太多、曝光太多，会让自己看起来不那么高端。

这或许是 HUGO BOSS 在 2013 年开始做电商的原因。2013 年，其开通了自己的官方网上商店；2014 年 9 月，旗下的 BOSS 以及 BOSS Orange 品牌入驻走秀网开通了品牌旗舰店；随后的 11 月，旗下 BOSS Orange 又入驻天猫开设官方旗舰店；现在，HUGO BOSS 再次尝试新模式，授权京东以京东自营的方式运作。

HUGO BOSS 在电商的拓展经历了官方网站、品牌旗舰店到品牌商品授权的三个过程，三种不同线上模式的尝试，从另一家奢侈品品牌 Burberry 的遭遇或许可以说明一些问题。Burberry 在 2014 年 4 月入驻天猫，也成为首个进入第三方网站销售的国际一线品牌。然而其天猫之旅并不顺畅。Burberry 的天猫旗舰店虽然用户评价不错，但退货率高达 26.4%，大大超过平均值 7.21%。而且，Burberry 同时运营的官方网店的单品价格比代购价格高出 30%~40%，使得销量较低。Burberry 的官方网店和天猫旗舰店销售的商品几乎相同，价格全部一致。线上渠道双管齐下，在运营成本大大增加的同时，并没有实现品牌和销量的提升。

2. HUGO BOSS 为何改弦更张

对比三种电商模式，不难发现其中的端倪。官方网站更多的是展示，流量很小；第三方品牌旗舰店可以借助平台的巨大流量，获得品牌露出。但因为这种模式绝大多数工作由奢侈品牌自己完成，对于 HUGO BOSS 这种对中国水土不服的海外品牌来说，很难做到对市场的了解和对用户的更好服务，也很难找到既懂奢侈品又懂电商运营的人才。所以，品牌旗舰店也更多是品牌宣传目的，对于商品销售助力有限。

反观品牌商品授权、成熟电商自营的模式，则有望实现品牌推广和商品销售的有机结合。以京东和HUGO BOSS的合作为例，京东的高品质用户人群、强大的自建物流和规范化的客服水平，能够弥补HUGO BOSS不熟悉中国市场、不了解电商运营的问题，能够更好地保障消费者体验。而且，京东在PC、移动客户端、微信、手机QQ等全渠道的布局，也为HUGO BOSS的品牌露出提供了保障。

HUGO BOSS与京东的合作并不简单。一方面，预示着京东在奢侈品电商上开始发力，而且发力的重点会采取品牌授权、直营销售的方式，这有利于发挥京东自营的优势，对用户能保障正品，对品牌商能保障品牌露出和商品销售。另一方面，如果京东和HUGO BOSS的合作能够取得效果，将有很强的示范效应，也能为奢侈品电商开拓一条新的模式。

3. 垂直电商倒闭的背后

在奢侈品电商市场，除了天猫模式和京东模式，还有一大批参与者，那就是垂直电商，但他们却是失意者。

奢侈品电商市场巨大，按照中国电子商务研究中心的数据，2011年中国奢侈品网购市场规模为107亿元，到了2013年，这个数字是208.2亿元，增长率为95%。但是面对如此具有诱惑力的市场，很多垂直电商却纷纷倒闭。

2014年5月，一向高调、上线一个月就获得千万美元融资的奢侈品电商尊享网关闭；7月，天品网被美丽说收购。

奢侈品垂直电商落魄的主要原因有两个，原因之一是他们没有获得国际大牌的授权，被迫通过经销商、代理商等拿货，这就造成货源品质不能保证，商品良莠不齐，无法取得用户信任。原因之二是电商价格战的劣根性，他们拿价格做文章，拉低了奢侈品的价格，虽然吸引了用户，但是吸引的是对价格敏感的用户，而不是真正认品牌的人，这让品牌商觉得垂直电商拉低了其品牌，损坏了其高大上的形象。

这就是奢侈品牌不待见垂直电商的重要原因，于是他们转而选择自建官方商城，或者在天猫这样第三方平台开设品牌旗舰店。从目前来看，HUGO BOSS 的电商摸索也代表了相当多的国际一线大牌的心路旅程，在平台模式探索遇冷之后，开始探索京东模式。

不过，京东模式也不一定十全十美，同样存在一些问题。例如，由于奢侈品的国内行货和国外水货的价差存在，同一件商品海外代购的价格比国内的价格低不少，京东如何能实现更好的销量？奢侈品电商是否能真正带来销量、促进业绩，而不只是品牌露出？

与京东模式类似的美国电商巨头亚马逊在奢侈品电商上的探索也值得借鉴。亚马逊一直在积极拓展奢侈品电商，拥有 Shopbop、MyHabit、East Dane 等时尚平台，且采用线下、线上相结合的方式，在 2013 年于纽约布鲁克林地区建立了首个 4 万平方英尺的摄影棚，还在近期宣布今年在伦敦建立 4.6 万平方英尺的摄影棚，加速进军奢侈品电商。

不过，亚马逊与奢侈品牌之间主要的矛盾在于对促销节奏的把握上。奢侈品牌对于价格非常敏感，高价格也是品牌的重要组成部分，他们认为随意降价打折促销有损自己的品牌声誉。此外，同样拥有第三方平台的亚马逊，也面临第三方平台上销售未经授权的奢侈品牌的问题。

亚马逊在奢侈品电商上的这些问题，同样是京东需要面对的，与 HUGO BOSS 的合作迈出了探索的第一步，更多的问题需要在实际中进行摸索和解决。

4. "触电"是一条危险的必经之路

未来，奢侈品绕不开"触电"这条路。近年来，在中国反腐冲击销售下滑和电商行业急速发展的影响之下，奢侈品纷纷开始尝试入驻第三方电商平台。虽然从目前来看它们的电商之路并不通畅，但奢侈品品牌要做的不是考虑放弃电商渠道，而是如何走好这条新路径。

"2014年，对于各大奢侈品品牌，注定是新的开始。"财富品质研究院报告对2014全球奢侈品市场的十二个判断中，其中一项是"奢侈品将全线进入电商领域"。财富品质研究院报告认为，游戏规则变了，品牌话语权时代过去了，取而代之的是物流与信息流发达带来的信息透明化，大数据时代带来的产业化与规模化。零售升级在所难免，而以中国人为核心的新消费力在全球范围的崛起，更是突破了很多奢侈品品牌负责人的管理经验。

如今，奢侈品进入电子商务领域，自建电商和进驻电商平台是最主要手段。同时，很多品牌将借助电子商务平台进行大范围的定制与预售服务，并利用电子商务平台和新媒体实现与消费者之间的更多互动。

因此，不管销量如何，Burberry、HUGO BOSS等奢侈品在天猫、京东等线上渠道的尝试都是有益的。当前，考验奢侈品的是如何优化和完善网络销售，避免"李鬼"闹场，提升用户新体验。国际大牌厂商选择与什么电商平台的合作，最根本在于能否帮助它为客户创造更多的价值，共同发展。

长久以来深耕传统渠道的国际大牌，在"互联网+"的潮流面前，要如何做好电商平台运营是个大话题，涉及方方面面。

（1）看平台的正品保障形象是否良好。与电商平台合作，自然是为了促进销售，但作为大牌关注销售之余，更注重品牌形象。在中国，由于知识产权的保护意识薄弱和相关部门监管不力，电商平台的售假现象一直屡有发生，虽然是少数不法商家的行为，但却严重影响了电商平台的整体形象。因此，国际大牌首先应考虑的是电商平台的正品保障形象必须良好，以免损害在消费者心目中的品牌形象。

（2）看平台用户是否属于自己的潜在消费群。潜在目标用户在哪里，品牌就自然而然地追逐客户而来，把旗舰店开到哪里。众所周知，奢侈品品牌的用户群体是中高收入人群，讲究生活品位，追求自我价值。如果入驻的电商平台用户与品牌本身的潜在消费群体重叠度高的话，那么对于品牌推广、促进销售都将是非常有利的。和现实中不同购买渠道的用户群体属性差异很大一样，不同的电商平台，其用户属性也大不相同。

（3）看平台能否提供卓越的物流保障服务。电商销售并不仅仅是引导客户下单付款，售前、售后以及物流配送都是其中的重要环节。对于国际大牌而言，无论是在线下还是电商平台，向客户提供的都必须是最佳的购物体验，网购中快速可靠的物流服务必不可少。国际大牌定位高端，非常注重用户购物体验，如服务周到、态度好、送货迅速、售后保障有效等。由于长期传统经营，入驻电商平台后他们在物流服务上需要得到平台的更多支持和帮助。

（4）看能否从平台获取足够的流量。目前在中国，网购流量集中到了几家大的电商平台，而它们则成为了流量入口。绝大多数品牌的官方网上商城，由于流量问题，导致其销量低于第三方平台的销售。入驻电商平台，归根到底看重的就是宝贵的访问流量。

通过对平台品牌形象、目标用户群体、物流服务、流量资源相关指标的考核，再参考平台运营和服务能力进行综合评价，最终奢侈品品牌就可从中选择最有利于自身品牌发展的电商平台进行合作。一句话概括就是，国际大牌厂商选择与电商平台的合作，最根本在于能否帮助它为客户创造更多的价值，一起共同发展，这样其电商平台之路就会顺畅得多。

● 信息来源

[1] 始稷的博客：从博柏利入驻天猫，漫谈中国奢侈品市场

[2] 百度百科

[3] 中国纺织报：博柏利们的天猫梦

[4] 环球：奢侈品进驻天猫，好棋还是臭招

[5]《商业价值》：HUGO BOSS 凭什么进京东（作者：南冥一鲨）

[6] 百度百家：HUGO BOSS、LVMH 大牌为何选京东

● 读者思考

（1）面对天猫旗舰店的糟糕表现，如何评价 Burberry 入驻天猫？

（2）Burberry 天猫店与线下店铺如何形成互补？

（3）奢侈品应如何优化和完善网上销售渠道？

（4）不同线上渠道对奢侈品牌有何不同的作用？

（5）如何评价 Burberry 和 HUGO BOSS 不同的电商之路？

（6）如何看待不同电商平台的用户群体与奢侈品牌潜在消费群体的重叠度？

第八章

多元

——品牌服装企业的多元化经营经典案例

第一节 品牌多元化

一、理论导读

多元化由著名战略大师安索夫于 20 世纪 50 年代最先提出，此后迅速被企业界所接受并付诸实施。多元化战略（Diversification Strategy）又称多样化经营，是指企业为了获得最大的经济效益和长期的稳定经营，开发有发展潜力的产品或者丰富充实产品组合结构，在多个相关或不相关的产业领域同时经营多项不同业务的战略。比如：浩沙集团、庄吉集团、路易·威登集团、雅戈尔集团，等等。

企业进行多元化经营的原因有：

（1）把产品系列化。运用产品之间的关联性和资源共享性，适度拓宽原有的产品宽度，把产品系列化。比如：服装企业不仅设计生产服装还设计生产与服装相搭配的箱包、鞋子、手链等一系列配饰。

（2）进入新领域。当企业主业的市场占有率高且市场容量有限的情况下，企业再扩展其机会成本会比较高。这时，企业就会选择进入有良好发展前景的领域。比如：雅戈尔进入房地产领域，且在房地产领域的收益远远大于其在服装业的收益。

（3）分散风险。很多企业选择多元化经营是为了企业总体能够稳定盈利，分散风险。

总之，企业想通过借助多品牌、多品类的策略为消费者提供多款式的产品和多梯度的产品结构，满足消费者追求新鲜刺激的心理需求，从而提高产品的市场占有率，增加企业利润。

现代人们对服装的消费越来越趋于多样化、差异化和个性化。单一品牌往往不能很好地满足消费者日益多样化的需求，所以很多有实力的企业选择了多品牌策略。多品牌策略是指企业针对不同的目标市场，对旗下的不同风格产品使用不同品牌的营销策略。服装企业多品牌策略是指一家企业同时经营多个服装品牌，一个品牌一种风格，一个品牌对应着一细分目标客户群，不同档次的品牌，采取不同的价格水平，形成不同的品牌形象，从而抓住不同偏好的服装消费者。多品牌策略的灵活性是单一品牌所不能比拟的；多品牌策略在服装企业被广泛运用。比如：美国时装品牌CK（Calvin Klein）旗下有三大品牌，高级时装品牌Calvin Klein、高级成衣品牌CK Calvin Klein和满足青春有活力的年轻人品牌Calvin Klein Jeans。

二、Etam（艾格）

● 公司简介

1915年9月Max Lindeman在德国柏林开设了第一家以"Etam"命名的卖袜子的零售店。这是Etam女装的前身。1928年，Etam在巴黎的Saint-Honore街376号开设了一家专卖店，并将公司总部移至这个世界著名的时装之都。Etam以此为基地，逐步成为法国乃至欧洲的著名女装连锁店。Etam集团自20世纪80年代以来，每年营业额的增长率都在两位数以上，并于1997年进入巴黎交易所，成为上市公司。法国Etam集团主要依赖连锁店的模式将店铺发展到西欧、中国以及印度等国家和地区。而在中欧、俄国以及中东地区，集团则以代理的方式迅速进入当地市场。Etam 1994年在中国成立了上海英模特制衣有限公司，它是法国Etam集团在中国的分支企业。1995年中国第一家Etam店铺在上海开业。1998年休闲系列Etam Weekend问世。2000年Etam Lingerie内衣系列亮相中国。2002年休闲运动品牌ES诞生。2006年年底休闲男装品牌Ehomme闪亮登场，成为Etam集团的一大突破。

法国 Etam 集团已稳步成为一个国际性的集团。除了法国本土以外，在欧洲、亚洲以及加勒比海沿岸国家都有连锁店。截至 2014 年 6 月 30 日，Etam 集团在全球共有 4246 间分店，其中中国就有 3083 间。

● 品牌简介

Etam 集团旗下共有三个品牌：Etam、1.2.3、UNDIZ。主打品牌 Etam，目标消费群体为 25～35 岁女性，以时尚的风格，变化多样的款式，新颖别致的色彩，合理适中的价格，热情周到的服务成为年轻法国女郎最熟悉、最亲切的品牌。1.2.3 以其高雅的品位，精致的设计备受成功职业女性的青睐。UNDIZ 则是 2007 年 Etam 为了加强自身在内衣界的领导地位，以及实现在市场上更精确的细分，推出的一个全新品牌，UNDIZ 拥有独特的品牌定位——年轻男性和女性的专用内衣。UNDIZ 由英文内衣的缩写变形产生，设计者想要带给人们自由发挥时尚灵感的空间——mix and match，即自由混合和搭配。

Etam 分艾格、艾格周末（Etam Weekend）、艾格都市（E & Joy）、艾格运动（ES）、艾格男装（EHOMME）、艾格童装（Etam Kids）和艾格内衣（Etam Lingerie）；除此之外，还有 2010 年收购的品牌伊念。

● 多品牌战略分析

艾格集团的多品牌战略不仅满足了年轻女性多样化的需求，还把目标群体对准了年轻男性和儿童，依托品牌优势推出新品牌 EHOMME 和 Etam Kids，这在艾格面临品牌老龄化问题时，不仅满足了更广泛的消费群体需求，也为公司注入新的活力，为集团带来新的利润增长点。这很好地契合了公司的使命：通过向人们提供丰富生活内容，提高生活水平和服务，为公司创造最高利润。

1. Etam Weekend（艾格周末）

Etam Weekend 诞生于 1995 年，目标消费群体定位于 15～25 岁的年轻女性；Weekend 强调服装的随意舒适、时尚大方以及在休闲时候的可穿性及个性化体现。Etam Weekend 主要有清新校园、甜美时尚和轻松休闲三大主题的表现。

2. E & Joy（艾格都市）

E & Joy 致力于将精品时尚与街头潮流完美结合，其设计大方、新颖、时尚，强调搭配的随意性，让假日里的你可以放松心情，随意装扮自己。E & Joy 志在以优质的品质和极具吸引力的价格为中国年轻女性（20～25 岁）提供紧跟国际潮流的时尚。

3. Etam Lingerie（艾格内衣）

Etam Lingerie 充满了甜美和趣味，可以充分满足女性对舒适与精致的要求；它们或混搭舒适，或怀旧、复古，或甜美、诱惑，个性迥异，风情万种。从 1928 年开始，Etam Lingerie 始终是她们的忠实伴侣，女性的秘密生活成就了 Etam Lingerie 的历史。

4. ES（艾格运动）

ES 是艾格集团在 2002 年呈现给中国市场，面向更年轻客户群的服饰品牌。ES 风格活泼，颇具校园特色，赢得了 18～25 岁女性的喜爱，由于其独特的定位，得以在短时间内迅速发展。

5. EHOMME（艾格男装）

EHOMME 代表着 Urban（都会）、Young（年轻）、Fashionable（时尚）、Fresh（清新）、Comfortable（舒适）。它的主要目标群体为 20～30 岁的年轻人士，他们充满活力，乐观而积极，工作热情，热爱学习，追求时尚，崇尚自然，对新鲜事物充满好奇心，对未来生活充满美好的憧憬。良好的版型和舒适的面料，以及贴心的价格，是 EHOMME 品牌所注重和推崇的。

6. Etam Kids（艾格童装）

Etam Kids 是 Etam 旗下品牌系列之一，它结合了东方的温柔细腻与西方的浪漫；主要为 4～12 岁的儿童提供时尚、可爱风格的服饰及相关产品；

多样化的设计风格，与不断追求创新的理念，让 Etam Kids 品牌的每一件作品都拥有时尚的亮点，引领儿童时装潮流，并充分考虑儿童穿着的舒适性和精致感。

7. EJEAN

EJEAN 是来自法国 Etam 的流行牛仔品牌，强调原创和自然，以最流行的欧洲款型，展现不羁洒脱的品牌风格；讲究男女装的搭配和协调，独特洗水工艺，得体舒适的剪裁，深得都市青年男女的热力追捧；量身定制国人版型，欧洲牛仔穿着体验，时尚而不张扬，动感而不另类。

8. 伊念

伊念前身为 MY 服饰有限公司主打系列服装，于 2010 年 9 月被艾格收购，正式成为艾格旗下品牌系列，该系列主要销往日本、韩国、印度、马来西亚等地，采用了先进的工艺面料 PIT 技术，极大限度地节约了成本，性价比较高，已成为当前深受日、韩女性喜爱的品牌系列服装。

三、（Bestseller）绫致

● 公司简介

Bestseller 是成立于 1975 年的家族企业。自成立以来，公司成长迅速，目前在全世界拥有 12000 多名员工，分别从事品牌的研发及市场的推广销售工作，在全球 27 个国家拥有 1600 多家直营店，业务还在不断增长。

公司创业之初就确立了自己服装质优价廉的特性，并且将这一特性保留至今。Bestseller 在欧洲、中东及中国设立 VERO MODA、ONLY、JACK & JONES、SELECTED 和 EXIT 直营店，产品在这些直营店出售。直营店由 Bestseller 直接管理或由合作的百货公司经营管理。由于大部分直营店并非由 Bestseller 直接拥有，因此与百货公司之间的紧密合作至关重要。除直营店外，Bestseller 产品还通过 7000 家代理商店销往世界各地。直营店作为 Bestseller 的主营业务一直受到最大的关注。

● 品牌简介

最初，Bestseller 集中全力开发流行女装，几年间 Bestseller 就在时尚女装市场发展势头强劲。1987 年，Bestseller 开始引入童装产品线。随后不久，又于 1989 年推出男装品牌。迄今为止，Bestseller 已经拥有 JACK & JONES、MAMALICIOUS、NAME IT、OBJECT COLLECTORS ITEM、ONLY、OUTFITTERS NATION、PIECES、SELECTED、VERO MODA、VILA CLOTHES 等品牌。目前在中国市场主要有 ONLY、JACK & JONES、VERO MODA、SELECTED 四个品牌。

● 多品牌战略解析

ONLY 定位于 22～35 岁的年轻女性族群。她们个性张扬，卓尔不群，追求标新立异。ONLY 的服装系列拥有很高程度的个性化和独特的时尚态度，款式活力四射，充满激情，灵感来源于每季最前卫的流行点。

JACK & JONES 是针对年龄 18～30 岁喜欢流行和时尚的男士们设计。JACK & JONES 的设计迎合了国际大都市男士的生活品位，他们喜欢一种独特、轮廓鲜明而朴实的风格，同时采用高品质、时兴和新颖的面料制作的服装。

VERO MODA 专为 25 岁以上拥有超强自我意识和独立性的女士设计。年龄不再敏感，因为 VERO MODA 女性对时尚有独特的感悟。无论身处职场还是休闲聚会，她们永远是最靓丽的一群，用她们的随性和优雅诠释着性感、狂放或迷离的都市风情。

SELECTED 是专为时尚男士设计的商务休闲系列。其设计理念是为顾客提供一个全能衣橱，让他们轻松打造出能应对各种场合的百变形象。

得益于多品牌战略，绫致时装进入中国市场十多年，销售额翻倍增长。为了便于品牌管理，绫致时装下一步将继续降低加盟店比重，或将全部渠道都改为直营模式，2008 年新引进的品牌 SELECTED 已经全面采取直营模式。分品牌模式操作，各个零售直营城市由各分公司品牌零售经理全权负责拓展市场及运营管理。

多品牌战略使绫致一度所向披靡。绫致旗下的几大品牌就是国内服饰时尚潮流的风向标,对欧美服装品牌知之甚少的国人曾掀起一股JACK & JONES和ONLY热,穿上这几大品牌的衣服可以即刻变身为大众眼中的"潮人"。彼时,国内的休闲服饰品牌美特斯邦威、森马都是刚刚成立的"毛头小子",对绫致几乎构不上威胁。而此时距离快时尚大军中的"先头兵"优衣库进入中国市场还有5年之久,ZARA、H&M等其他品牌的身影则更加遥远。对于绫致来说,彼时的中国市场可谓形势一片大好:国内消费者对于风格迥异的欧美风格服饰还缺乏认知,其他国际品牌又尚未加入竞争,所以绫致几乎可以独享整块蛋糕。也正因如此,该公司旗下的几大品牌迅速攻城略地,短短几年内在全国的店铺数量就已将近千家。最新的公开资料显示,绫致的系列品牌已覆盖中国300多个城市,门店数量已逾6000家,销售额也超过300亿元,业内甚至有"无绫致,不商场"的说法。

风光一时的同时也蕴藏危机。2007年,以ZARA为首的快时尚品牌开始大举进军中国市场,同样的欧美风格和款式、更快的上新速度、相近乃至更低的售价,让它们迅速博得了国内消费者的欢心。反观绫致公司的几张"老面孔",店面形象多年如一日,营销手法单一且一成不变,原本出彩的欧式风格也在这些新进国际品牌的冲击下变得模糊、平庸起来。

绫致的多品牌战略面临严峻挑战。

● 信息来源

[1] 穿针引线网:百年艾格

[2] 黄静.品牌营销[M].2版.北京:北京大学出版社,2014:155-158.

[3] 陈春花,等.品牌战略管理[M].广州:华南理工大学出版社,2008:98-99.

[4] 徐飞.战略管理[M].北京:中国人民大学出版社,2009:208.

[5] 百度百科:绫致词条

[6] 中国财经：绫致时装遭遇快时尚围剿　面临品牌老化之痛

[7] 黄静. 品牌营销 [M]. 2 版. 北京：北京大学出版社，2014：155-158.

[8] 陈春花，等. 品牌战略管理 [M]. 广州：华南理工大学出版社，2008：98-99.

● 读者思考

（1）如何评价艾格集团的多品牌战略？

（2）艾格集团多品牌战略面临哪些挑战？

（3）从品牌定位、品牌组合等方面为艾格集团的发展提出建议。

（4）如何评价绫致集团的多品牌战略？

（5）针对中国市场的挑战，为绫致集团的发展提出建议。

第二节 品类多元化

一、理论导读

服装市场的种类越来越繁多和服装消费市场永不饱和特性为企业提供了许多公平竞争的机会；服装消费市场的需求是复杂多样、千差万别的，不同地区、不同民族有不同的消费着装习惯，不同的人有不同的喜欢风格，企业运用产品品类多元化可以及时抓住先机，占据市场份额。

品类多元化是企业所生产的各类产品都冠之一个品牌，我们也可以把企业产品品类多样化理解为产品组合的宽度扩张。产品组合是指一个企业生产或销售的全部产品线和产品项目的组合；产品组合的宽度是指在产品组合中包含的产品线的多少；产品线或产品种类越多，产品组合越广。产品品类多元化有利于企业品牌的塑造，例如，七匹狼倡导的"男仕族群文化"，产品品类有与男士相关的香烟、酒品等，"男仕族群文化"理念被越多的人接受，越利于七匹狼品牌的传播，越会给企业带来更多的价值。

二、热风（Hotwind）

● 品牌发展

1996年，在广州一家台资外销鞋厂担任品质管理工程师的陈鑫在上海开了家鞋店，主要借用之前结识的进货渠道来销售外销库存的鞋子。和其他很多以外贸尾单为卖点的街店没有什么不同，如何从众多相似小门店中脱颖而出，成了当时热风面临的问题。1999年，陈鑫开始考虑开发自有品牌，开始挑款，试图将款式买断，找广东的一些工厂代加工，并贴上"热风"品牌。与此同时，陈鑫也开始考虑店面的选址问题，先是进入了港汇广场，于2003年又一口气拿下了三处黄金地段，并且继续在购物中心布点。陈鑫选择的购物中心属于当时继百货商场后又出现的新兴产物，它能够保留独立店铺的形式，对于品牌的塑造更加有利，是打造品牌知名度，提升档次的最好选择。

热风的发展可以简单概括为如下几个阶段：

（1）1996年到2000年，属于外贸阶段的热风专营男女鞋品店，进货渠道和一般外贸店类似，现货采购，物美价廉。

（2）1999年到2005年，热风品牌意识觉醒，转变经营思路，开始"挑挑拣拣"，有了货品的风格定位，选择与其风格相合拍的产品，并且买断这些产品，贴上Hotwind的品牌商标，让这些产品有了一定的辨识度。

（3）2005年开始，热风有意识地构筑品牌大体系。除了主品牌Hotwind，另外三个品牌Ned. nedy、Lando. rode、OFFCOS诞生。同时开始利用渠道这一核心优势代理国内外一些时尚品牌。

通过上述三个阶段，热风完成了由单纯外贸店到自有品牌专营店的飞跃。目前已拥有品牌共享商铺逾700家，销售网络覆盖上海、北京、深圳、广州、南京、成都、重庆等130多个全国大中型城市，并与恒隆、大悦城、来福士、万达、吉之岛等众多国内外知名商业地产品牌形成战略联盟。注重持续为消费者提供实用、价格有吸引力的优质商品和合理的服务，商品品类涵盖鞋品、服饰、包、配饰及部分时尚生活用品，提供一站式购齐的消费体验。热风的热门单品常常占据《ELLE》《瑞丽》《时尚》、东方卫视等众多时装杂志及时尚电视频道，成为发布当季与预测下季潮流搭配的重要风向标；同时热风的商业模式、品牌建设、公司品格亦是众多商业媒体的报道话题。

● 多品类产品简介

2005年开始，热风开始构建品牌体系。产品品类不断得到扩充，组合宽度不断拓展。经营品类除了男、女鞋品类外还包括男女时装、休闲装、箱包、眼镜、户外用品等多种时尚产品。品牌也做了细分，除主品牌Hotwind外，还细分了Ned. nedy、Lando. rode、OFFCOS三个品牌。一个品牌代表一个风格和系列：Ned. nedy是时尚女鞋、女装品牌，灵感来源于"Fashion Soul"时尚精髓，是精致、优雅、简洁的代名词。OFFCOS引领年轻动感的个性风潮，集合了街头感的个性男、女鞋及服饰。Lando. rode是绅士男鞋、职业男鞋品牌，该系列在设计上更注重细节新颖的处理。除自有品牌以外，热风还采购或代理Adidas、匡威、FLUTON等知名品牌。

● 品牌解析

热风品牌拥有良好的市场发展潜力，并致力于通过品牌经营的不断优化成为精选时尚零售市场的领先者，一步步提升终端形象，向个性化、时尚化方向迈进。对比十几年前，如今热风店中的产品结构发生了不小变化。陈鑫的愿景是"时尚仓库"，要囊括人们需要，又足够时尚、价格实惠的各类产品。

陈鑫一开始就很清楚自己的优势——大多数顾客是基于对热风店铺的好感和对这个渠道的信赖才选择热风的。找到优势后，陈鑫请来企业形象推广顾问，在店铺装修上追求时尚酷感，强化品牌整体感，扩充了产品结构，将"鞋店"的概念变为"时尚仓库"，弱化"热风"而强调"Hotwind"，LOGO也从"热"字变为转动的风车，力求体现出"自然、活力、动感与随性"。陈鑫给热风定制了个性鲜明的形象，很好地迎合了热风的目标人群：求新求变的年轻人；重视性价比，对购物环境也有期待。与此同时，产品品类多元化不断加强，人们在热风店铺可以买到越来越多自己需要的商品，除鞋服、配饰之外，小文具和生活用品都会出现在卖场。陈鑫的"时尚仓库"蓝图日渐清晰。

三、七匹狼

● 品牌简介

20世纪80年代，晋江周家三兄弟放下所谓的"金饭碗"，抱着"出去闯闯总不至于饿死"的念头做起了面料生意，后开办了晋江金井劳务侨乡服装工艺厂，1989年成长为晋江恒隆制衣有限公司，1993年更名为福建七匹狼制衣实业有限公司，2001年，经福建省政府批准，福建七匹狼制衣实业有限公司依法整体变更为福建七匹狼实业股份有限公司。

● 产品简介

公司主要从事服装服饰产品及服装原辅材料的研发设计、制造及销售、机绣制品、印花的加工、物业管理、房屋租赁，销售培训、销售咨询、室内装潢、建筑材料、五金交电、百货销售、计算机软硬件服务和对外贸易。产品品类繁多，范围广泛。其中的服装服饰产品主要为男士休闲装及饰品，包括：男士夹克、衬衫、T恤等。

1996年，七匹狼与福建晋江市烟草专卖局合作，开发生产了"金牌七匹狼"香烟；1997年，七匹狼公司推出了定位为中高档酒品的"七匹狼金樽啤酒"；1998年，七匹狼又积极介入了茶文化产品行业。2000年，七匹狼集团成立了七匹狼酿酒有限公司来生产和销售七匹狼白酒、葡萄酒和啤酒，以特许经销的市场操作模式进军酒类市场。2008年，七匹狼斥巨资注入贵州董酒。

● 产品多元化分析

七匹狼很早就明确提出了"七匹狼——倡导男仕族群新文化"这一定位主题。短短几年，七匹狼便以独特的品牌魅力成功渗入男人生活的各个领域——烟草、啤酒、皮革、服饰，等等。乍一看，似乎这些多元化有些太广，并不符合多元化的规律，但实际上，七匹狼的多元化始终都是紧紧围绕着"倡导男仕族群新文化"开展的。

　　源于对男性精神的准确把握，七匹狼公司将服装、香烟、酒类、茶品等行业都统合在男性文化下：服装代表的是自信和稳重，香烟象征着沉重与思索，酒类表现的是潇洒和豪放，茶品强调的是宁静与遐想。男性的主要性格特征全部融入了七匹狼各行业的产品之中。而七匹狼和上述行业中有实力、有经验的企业合作，借"七匹狼"品牌优势，强强联合，这无疑使其多元化之路更顺畅，最终使品牌形象达到有效的延伸。

　　七匹狼实业股份有限公司控股股东七匹狼集团主要经营方向为对外股权投资及房地产项目，根据2014年报，七匹狼集团涉及的资产规模超过100亿元。据统计，七匹狼集团持有的银行类股权主要包括：兴业银行、光大银行、重庆农商银行、成都农商银行、晋江农合行、厦门银行等，证券类股权主要集中在中山证券、国泰君安，保险类股权则集中在阳光保险，创投管理股权类依次为深圳创新投、七匹狼创投、红桥创投，其他类金融参控股权还包括汇鑫小额贷款、晋江担保、博融典当、百应融资租赁等，非金融类公司股权，除了路人皆知的梅花伞，七匹狼集团在黑龙江龙煤矿业集团、柳州巴士、贵州董酒、万里石等诸多公司都投有重金，另外，在国内诸多一二线城市密布商业物业、写字楼、商业店铺、酒店等项目。

　　董事长周少雄曾强调："包括参与云峰基金等，只是代表七匹狼集团层面，七匹狼实业会专心做服装。"福建七匹狼实业股份有限公司副总经理兼董事会秘书吴兴群也曾表态，服装仍然会是七匹狼的主业，这也是七匹狼的品牌支撑，把服装业务做大做强，走向国际，是七匹狼坚持不渝的理想。2011年收购杭州肯纳100%股权，帮助其在全国开设15家Canali品牌网点，并取得了范思哲的国内代理权。七匹狼并购肯纳服饰的同年，业绩和利润双双大幅上涨，该公司当年的营业收入和净利润分别达到29.21亿元和4.12亿元，比上年增长了32.89%和45.61%。同时七匹狼还投入一亿多元资金在其工业园区内建成七匹狼中国男装博物馆，用以传承中国男装文化。这些都是七匹狼专注于做中高档服装决心最好的见证。

● 近期发展方向

近期，七匹狼将并购对象放在轻奢及精品项目上。七匹狼证券部相关高管曾表示，除了现有业务外，七匹狼会进行轻奢品牌的代理、精品运营等。未来大品牌会依托公司现有团队开发经营，轻奢和精品会通过投资并购去操作。七匹狼想效仿2011年并购杭州肯纳来改变目前业绩下滑局势。"关键是对并购项目的消化能力如何，要通过消化再作用于自身的主营业务，若消化不良，对于七匹狼而言反而会成为累赘。"2015年年底，七匹狼利用其优质的服装工艺及潮流化的品牌设计发布了全新户外线产品——着装场合更多元、功能更复合的户外通勤装，七匹狼的"狼"文化和户外产品不谋而合，户外精神也很好契合了七匹狼的"狼"精神。这使其主营产品品类更加多元化。

伴随着宏观经济的持续低迷，各种新的商业模式、新经济、新技术、新应用的崛起，传统行业面临着转型升级的紧迫形势。因为终端盈利能力下降，公司代理商、经销商放缓了拓展渠道终端的速度。在主业不振的情况下，企业搞多元化投资和品类多元化也是为了寻找新的利润点。此外，有些公司的主业在多年的发展下，利润已经趋于平稳，想要增加利润也只能考虑其他业务。随着市场的日益规范，企业家的多元化将会有更多合纵连横的空间，但更多的多元化不等于自己可以形成更多的优势，守住富有朝气的战略原点才是根本。强调这一点在当前尤为重要，因为进一步的改革将释放出更多的红利，更多领域的开放将提供更多的多元化自由度，企业家能否经得住更多改革红利的诱惑，能否坚守原有优势正面临着新的考验。

● 信息来源

[1] 百度百科：热风词条

[2] 上海热风鞋业有限公司官网：http://www.hotwind.net/BrandStory.aspx

[3] 百度百科：七匹狼词条

[4] 中国时尚品牌网：看七匹狼、阿玛尼、雅戈尔等服企如何实现多元化

[5] 和讯网：七匹狼掉进多元化陷阱

[6] 万后芬，汤定娜，杨智. 市场营销教程[M]. 2版. 北京：高等教育出版社，2007：256-258.

● 读者思考

（1）如何评价多元化对热风集团发展的意义？

（2）服装企业如何走多元化的发展道路？

（3）七匹狼的多元化发展有何特色？

（4）多元化发展应注意哪些问题？

（5）如何通过多元化带动服装品牌的发展？